AF368415

Nectar de l'Enseignement spirituel, tome 2

L'emblème de l'Ánanda Márga représente son idéologie. Le triangle pointant vers le haut marque l'action, s'exprimant par un service désintéressé à toute la création ; celui pointant vers le bas, la connaissance intérieure, issue de la méditation spirituelle. L'association des deux permet un progrès sur tous les plans aboutissant à l'éveil, représenté par le soleil levant et s'achevant par la victoire spirituelle, but du pratiquant symbolisé par la croix svastika.

Shrii Shrii Ánandamúrti

NECTAR DE L'ENSEIGNEMENT SPIRITUEL

(ÁnandaVacanÁmrtam)

tome 2

**Éditions ANANDA MARGA
LA VOIE DE LA FÉLICITÉ**

© Ánanda Márga Pracáraka Saṃgha (Central), Anandanagar, P.O. Baglata, Dist. Purulia, W.B., India et Ánanda Márga Pracáraka Saṃgha France.
Traduit de l'édition indo-anglaise en langue anglaise et sanscrite (discours prononcés en anglais, hindi et sanscrit) de 1986 amendée selon l'édition électronique *eledit 7.5*, par O. Jyotsná Caujolle. Pour la 1ʳᵉ édition (août 2015, isbn 978-2-907234-03-0), lecture critique : Valérie Sandelin, O. Rámakrśńa Gros.
Titre original : *ÁnandaVacanÁmrtam part 2*.
2ᵉ édition corrigée, juillet 2020.
Toute reproduction est soumise à l'accord formel de la traductrice.
Responsable des publications de l'Ánanda Márga en Europe *(Berlin sector)* : *Ác.* Jyotirúpánanda *Ávt.*
Tous droits réservés pour tous pays.
Éditions Ánanda Márga, 153 avenue Joffre, 66000 Perpignan France.
ISBN : 978-2-907234-20-7 ; dépôt légal 3ᵉ trimestre 2020

Préface à l'édition française

Shrii Shrii Ánandamúrti nous expose ici quelques-uns des versets marquants de la tradition spirituelle de l'Inde, issus de textes mystiques, d'Oupanishads, des *Yoga sûtras*, de Pourânas, du monisme absolu *(vedánta)*, de la *Bhagavad Gîtâ* ou de Tantras. Il nous en explique la teneur spirituelle et philosophique dans un langage simple tout en nous dévoilant les mystères de la millénaire langue sanscrite.

Immergés dans une atmosphère de spiritualité, nous parcourons un morceau du chemin tracé par les sages spirituels depuis les premières interrogations philosophiques humaines.

Ces discours forment l'enseignement oral quotidien que donnait Shrii Shrii Ánandamúrti, à côté de livres comme *Sublime Spiritualité* ou la série *La Science sacrée des Védas* où l'auteur commente des textes plus complets, extraits conséquents ou intégralité d'*Oupanishads*, de *Tantras*, de textes sur le Yoga, etc. Il y a aussi, à la fois historiques et spirituels, *Mes hommages à Shiva le Tranquille* et *Je salue la Splendeur de Krishna* (qui détaille en particulier différentes écoles philosophiques de l'Inde). L'auteur a de plus écrit – sous son nom civil Prabhat Ranjan Sarkar – de nombreux ouvrages sur des sujets plus temporels, sociaux, politiques, etc. notamment des livres de philologie, un dictionnaire et des encyclopédies en bengali (voir p. 121).

Par son œuvre, *Shrii Shrii* Ánandamúrti propose sa direction à la pratique spirituelle. Pour promouvoir cette dernière, il a fondé un ordre monacal mondial dont la mission est d'enseigner bénévolement les pratiques et la méditation yoguiques tout en œuvrant dans l'humanitaire, le développement sur tous les plans et la protection de toutes les formes de vies, mettant ainsi en pratique la devise de la voie Ánanda Márga : *Átma-mokśártham jagaddhitáya ca* : « Salut individuel, bien-être universel » (voir p. 118 et 129).

Dans deux chapitres, nous avons rajouté, entre crochets, les versets sanskrits commentés avec leur traduction ; dans un cas, probablement cités par l'auteur, ils n'auraient pas été pris en note, dans l'autre, cela clarifie pour nous, quel texte est commenté.

Pour les versets, ou parties de versets, sanscrits cités, ils ont été directement traduits en français par la traductrice, et le sanscrit mis en note pour une lecture plus fluide, l'appel de note étant placé après le point (ou parfois la virgule) closant la citation. Quand l'auteur traduit lui-même sa citation, nous avons rajouté un petit a ($_a$) en indice, pour indiquer que cette traduction était de l'auteur. Quand l'auteur reprend des passages de sa citation précédente, nous avons simplement remplacé le texte sanscrit cité (celui-ci ayant déjà été donné) par sa traduction et mis un petit s en indice ($_s$) à la fin du passage pour indiquer que le texte original était sanscrit. Parfois le sanscrit est laissé entre parenthèses, d'autres fois, la traduction est mise entre crochets.

Les crochets [ ] indiquent soit dans certains cas une traduction du sanscrit par la traductrice, soit un ajout de celle-ci explicitant un sous-entendu ou donnant une référence.

Les mots entre parenthèses sont les mots originaux prononcés par l'auteur (généralement des concepts ou des citations sanscrites) ; nous n'en avons laissé que quelques-uns, pour référence. Il se peut par ailleurs que certains discours aient été plus complets à l'origine mais n'a été éditée comme édition de référence que l'édition anglophone comprenant ces parties-ci (et qui, semble-il, ne comprend pas toujours certaines parties, prononcées en hindi). Une partie des titres des chapitres a été rectifiée par rapport à l'édition anglophone.

Les noms des ouvrages cités sont, pour une lecture plus agréable, mis entre parenthèses et non entre crochets, bien que généralement rajoutés par la traductrice.

L'auteur utilise avec -, +, =, le système suivant pour l'analyse des mots ; par exemple : *abhi-DHYÁ+anaí = abhidhyána* signifie qu'*abhidhyána* se décompose en le préfixe *abhi* suivi de la racine verbale *DHYÁ* suffixé par *na* véhiculant le sens particulier que lui attribue l'opérateur suffixal *anaí*.

Ainsi, *ktin, ghaiṇ, kvip, ḍa, anaí* et *al*, par exemple, sont des opérateurs suffixaux utilisés par les grammairiens indiens pour signifier divers types de dérivations (voir la transcription latine du sanscrit page suivante).

Vous trouverez la table des matières p. 131.

J.

Transcription latine du sanscrit

Nous avons adopté la transcription suivante de l'alphabet sanscrit, choisie et utilisée par l'auteur dans tous ses ouvrages depuis 1955, celle-ci permet aussi la transcription aisée et adaptée du bengali et d'autres langues indiennes (pour la prononciation, voir p. 127) :

a, á, i, ii, u, ú, r, rr, lr, lrr, e, ae, o, ao ; aṁ, ah ;

ka, kha, ga, gha, uṇa,

ca, cha, ja, jha, iṇa,

ṭa, ṭha, ḍa, ḍha, ńa,

ta, tha, da, dha, na,

pa, pha, ba, bha, ma,

ya, ra, la, va,

sha, śa, sa, ha, kśa.

L'apostrophe ' désigne l'élision phonétique du *a* (*l'avagraha*), *aṇ* le *candrabindu/anunásika* (◌̐) des mots indiens.

Ex : *jiṇána, rśi, saṁskrta, tato'haṁ, piuṇgalá, shiva, viśńu.*

On a aussi ici employé *ṇ* dans le mot *oṇm* (ॐ), pour représenter le *nádabindu* (◌̆) bien qu'il soit différent du *candrabindu* (◌̆). Ils représentent tous deux une nasalisation de la voyelle précédente.

Dans un mot sanscrit, entre deux voyelles, le *ḍ* et le *ḍh* (ড/ড et ঢ/ঢ) se prononcent, respectivement, *ŕ* et *ŕh* ; ces lettres, comme le *ya*, ne sont pas indépendantes. Dans le cas de mots non sanskrits, nous écrivons *ŕ* et *ŕh* (correspondant aux ড/ড et ঢ/ঢ bengali/hindi).

Le commandement divin

Méditer deux fois par jour régulièrement nous assure de penser à Dieu au moment de la mort et d'atteindre ainsi à lui. Tout aspirant à la félicité éternelle doit donc méditer deux fois par jour, c'est le commandement du Seigneur.

Sans conduite morale, on ne peut méditer, suivre les principes moraux spirituels[1] est donc également le commandement du Seigneur. Refuser ce commandement n'est rien d'autre que se jeter dans les affres de la vie animale pour des millions d'années.

Pour que personne ne subisse de tels tourments, que chacun puisse jouir de la Paix éternelle sous la protection aimante de Dieu, c'est le devoir de chaque pratiquant de s'efforcer d'amener tout le monde sur le bienfaisant chemin de la Félicité. Conduire autrui à la voie juste fait partie intégrante de la pratique spirituelle.

Shrii Shrii Ánandamúrti

---

[1] *Yama-niyama*, l'éthique yoguique, voir p. 119.

1. Tout est la grâce de Dieu

On affirme que tout est la grâce du maître, et aussi que :
Dieu seul est le guide, nul autre que lui.[1]

On peut décomposer le mot sanscrit *guru*[2] [maître,
guide spirituel] en deux syllabes : *gu*, signifiant obscurité –
l'obscurité dans la vie spirituelle, l'obscurité sur les plans
psycho-spirituels – et *ru*, signifiant « celui qui dissipe ».
Guru désigne ainsi celui qui dissipe toutes sortes d'obscu-
rités de vos corps spirituel et psychiques.

Seul Dieu sous la forme du Sauveur *(Táraka Brahma*[3]*)*,
est, et peut être, le guide spirituel. Dieu transcendant *(nirguńa)* n'a aucune réalité extérieure, il n'entretient aucun
lien avec ce monde ; il ne peut donc pas être, en l'état, le
guide spirituel *(guru)*. Dieu lié à la manifestation *(saguńa)*
non plus, car il est entravé par certaines déterminations. Le
guru lui, doit être harmonieusement relié à ce monde tout
en étant tel le Transcendant, sans quoi il ne peut pas être le
guru, « celui qui dissipe l'obscurité » de vos pensées et de
votre âme. Ainsi, « Tout est la grâce du maître » *(Guru-*

---

[1] *Brahmaeva gurur eko náparah. (Ánanda Sútram 3,9)* [(précis philosophique de l'auteur). (ndt)]

[2] Prononcer « gourou ». (ndt)

[3] *Táraka* c'est le libérateur, le sauveur ou, encore, celui qui fait passer
ou traverser. *Táraka Brahma* est l'entité qui, tout en étant en ce monde,
est pleinement unie à Dieu : elle est le point tangent à Dieu transcendant
et à Dieu lié à la manifestation. Cf. p. 22. (ndt)

krpá hi kevalam) signifie « Tout est la grâce de Dieu »
(Brahma-krpá hi kevalam).

Qu'est-ce que la grâce ? En sanscrit, la racine verbale
du mot grâce *(krpá)* est *kr. Kr* signifie « aider quelqu'un
dans son progrès, même s'il ne le mérite pas ». S'il le mérite, c'est-à-dire s'il a les capacités requises pour se développer et s'élever pleinement, il n'a pas besoin de grâce, il
ne requiert pas l'aide du Sauveur. Mais quand il ne le mérite pas, quand il n'a pas les capacités requises pour se développer et qu'il est quand même aidé, on appelle cette
sorte d'aide, la miséricorde divine, la grâce *(krpá)*.

Bien sûr, on peut dire que ce cosmos, cette création,
tout ce que vous voyez ou sentez, est la création de Dieu et
que Dieu doit donc, par impartialité, aider tout le monde.
Autrement dit, sa grâce doit être pour tous, pourquoi y au-
rait-il un cas particulier ? Je vous ai si souvent dit qu'il ne
devrait pas y avoir de cas particulier. Dès qu'il y a un cas
particulier, il y a du favoritisme. Il ne doit donc pas y avoir
de cas particulier. La grâce ne doit pas concerner qu'une
personne. Tout le monde doit être traité de façon égale. Si
Dieu *(Parama Puruśa)* aide quelqu'un en particulier, c'est
qu'il soutient la partialité.

Il y a quelque chose d'autre à dire à ce propos. La philosophie affirme que Dieu a tout créé, qu'il est donc à tout
le monde et que tout le monde est à lui. Pourtant, un aspirant spirituel qui a développé en lui l'amour de Dieu
n'accepte pas cette vérité philosophique dans sa vie personnelle. Il se dit : « Laissons ces si nombreux principes, rai-
sonnements et philosophies, ce ne sont pas les textes philosophiques qui doivent me guider mais mes propres sentiments. »

Quels sont donc les sentiments de l'aspirant spirituel qui a développé en lui l'amour de Dieu ? Ces sentiments sont : « Dieu est mien et n'appartient qu'à moi, à personne d'autre ; quant à moi, je n'appartiens qu'à lui et à personne d'autre. » Autrement dit : « Mon Dieu est ma propriété personnelle et je ne veux le partager avec personne. »

Lorsqu'on a développé un tel sentiment d'Amour, il a sans aucun doute de la puissance. C'est grâce à ce puissant sentiment que l'homme faible et pauvre attire Dieu à lui et que ce dernier ne peut se désintéresser de lui. Cette attraction est mille fois plus puissante que la vérité philosophique. Si Dieu est attiré par un tel sentiment d'Amour, est-il en faute ? Certainement pas ! Tout le monde a le droit de l'attirer à soi de cette manière, pourquoi ne le faites-vous pas ?

La deuxième chose est que, dans des conditions normales, Dieu fait pleuvoir sa compassion sur chaque particule de cet univers. Il déverse sa grâce sans distinction de caste, de croyance, de nationalité ou de religion.

Que se passe-t-il ? Chaque entité sans exception reçoit une pluie, une pluie diluvienne de compassion divine, mais si durant cette averse vous tenez un parapluie au-dessus de votre tête, vous ne serez pas arrosé. La faute en revient-elle à l'arroseur ? Certainement pas ! La faute est dans votre main et votre parapluie d'orgueil, c'est pour cela que vous n'êtes pas inondé par cette compassion, cette grâce divine. Ce n'est pas de la faute de Dieu. Que vous faut-il alors faire ? Ôtez cette ombrelle de vanité d'au-dessus de votre tête, vous serez immédiatement inondé par la compassion universelle de Dieu. Lui seul est le *guru*, personne d'autre, Dieu sauveur *(Táraka Brahma)* est le seul *guru*. Et, deuxièmement, il n'y a d'alternative que de prier, de requérir, de pratiquer, pour obtenir sa compassion et l'attirer par la puissance de votre Amour, l'énergie amoureuse de votre cœur.

Patna, 9 septembre 1978

2. La supériorité de l'Amour de Dieu sur la connaissance

Je pense qu'il est de ma responsabilité, de mon devoir socio-spirituel de vous parler un peu de l'abandon spirituel en Dieu *(prapatti[1])*. Dans cet abandon spirituel en Dieu, l'idée sous-jacente est que tout ce qui se produit dans cet univers est, sans exception, une expression du désir divin. Un volcan ne peut entrer en éruption ni un brin d'herbe bouger sans consigne divine. Tout est pré-dicté, pré-décrété par l'Être suprême. Rien n'est entre les mains de l'être humain. Celui-ci ne peut rien faire sans l'appui divin. C'est-à-dire que le désir humain ne porte de fruits que lorsqu'il coïncide avec le désir divin, sinon il est sûr d'échouer. Si le désir personnel coïncide avec celui du Seigneur, il aboutit, autrement non. Voilà l'idée sous-jacente, l'idée centrale derrière le terme « abandon de soi en Dieu » *(prapatti)*.

La doctrine de l'adoration *(bhakti)* – la pratique de l'Amour de Dieu – s'appuie entièrement sur cet abandon en Dieu tandis que la doctrine du progrès spirituel par la connaissance, par la théologie, *(jiṇána-váda)* ne le soutient pas. On peut douter de l'aspect pratique de la doctrine de l'abandon spirituel en Dieu : un théologien, un érudit peuvent dire : « Si tout advient selon le désir, l'action ou la volonté *(saṁkalpa)* de Dieu, à quoi sert l'effort humain ? »

---

[1] [ou pieuse soumission] en sanscrit : *pra-PAD + ktin* [donne *pra-pat-ti*].

Le théologien peut croire la question épineuse pour le pratiquant de l'Amour de Dieu, l'adorateur, que celui-ci ne pourra pas lui donner de réponse adéquate. Pourtant, bien que les théologiens se pensent les plus intelligents, l'élite intellectuelle, vous savez qu'en réalité ce sont les adorateurs les plus intelligents ; et le plus grand sot est celui qui croit détenir le savoir sur Dieu.

Je vous ai déjà dit qu'un théologien ne pouvait forcer ne serait-ce qu'un brin d'herbe à se mouvoir. Un adorateur, par contre, le peut, s'il entretient un lien intime avec Dieu. Là réside la supériorité de l'adorateur. L'habileté, la capacité et l'efficacité de l'être humain sont, en fait, quasiment nulles. Rien n'est vraiment sien, il reçoit tout de Dieu. S'il ne mange pas durant trois ou quatre jours d'affilé – ou trois, quatre ou cinq ans[1] – il ne reste plus rien de lui, il ne peut plus parler ou se mouvoir. Ainsi, rien ne dépend de l'être humain. L'adorateur sait que tout ce qui lui appartient est à Dieu, car lui-même Lui appartient. La première réponse de l'adorateur est ainsi celle-ci : « On ne peut rien faire de par sa propre intention. »

Le savoir temporel a une faible valeur. On parle de connaissance obtenue *(prápta vákya)* pour désigner la connaissance qui provient de personnes ou de manifestations de ce monde ou qui s'exprime par leur intermédiaire. On lit dans nos vieux livres de géographie qu'Allahabad est

---

[1] L'auteur a fait un jeûne, au petit lait, de cinq ans en protestation – pour réclamer une enquête qui n'eut alors pas lieu – contre une tentative d'empoisonnement sur sa personne lors de son emprisonnement sur des accusations qui se sont révélées être sans fondement (accusations lancées dans le but indirect de contrer ses vigoureux appels anticorruption, la propagation de sa théorie socio-politique de l'Utilisation progressiste (TUP) et sa dénonciation des dogmes et superstitions religieuses). (ndt)

la capitale de l'État de l'Uttar Pradesh. Les livres récents, eux, indiquent Lucknow pour capitale. Et ce sera peut-être encore une autre ville, dans le futur. Voilà où se situe le savoir temporel *(prápta vákya)*, il est relatif et sujet au changement. Les adorateurs ne le prennent pas au pied de la lettre mais les intellectuels se battent constamment entre eux sur la base de leur savoir livresque.

Pour un adorateur, seule la connaissance assurée *(ápta vákya)* a de la valeur. La connaissance assurée est ce qui vient de Dieu *(Parama Puruśa)*. Lorsque l'adorateur parvient à entendre, sentir, comprendre la volonté de Dieu grâce à la relation d'amour qu'il a développé avec lui, on appelle cela la connaissance assurée. En tant qu'adorateurs, vous ne devez suivre que la connaissance assurée. Rappelez-vous que les *Seize Points*[1] sont votre connaissance assurée.

Votre appui fondamental doit être l'abandon en Dieu : « Toute chose se produit selon sa volonté, pas même un brin d'herbe ne se meut sans sa permission. » Par la grâce, la compassion, de Dieu, vous avez reçu les directives justes *(ápta vákya)*. C'est votre responsabilité de suivre strictement les enseignements et la vérité de la connaissance assurée. Il n'y a pas d'avenir pour celui qui ne fonde sa vie que sur l'intellect.

Patna, 10 septembre 1978

---

[1] L'ensemble des pratiques physico-psycho-spirituelles de la Voie de la Félicité (Ánanda Márga). Voir le *Manuel pratique de l'Ánanda Márga – Ánanda Márga Caryácarya* de l'auteur ou le livret *Les Seize Points*. (ndt)

3. L'omniscience de l'Entité macropsychique

Je vous parlerai aujourd'hui de l'omniscience de l'Entité macropsychique.

L'entité macropsychique est omnisciente alors que le microcosme[1] ne l'est pas, parce que la capacité de l'entité micro-psychique à refléter en soi un objet, physique ou psychique, est limitée. L'entité micropsychique ne peut donc pas devenir omnisciente. Pour l'Entité macropsychique, par contre, tout est à l'intérieur de son champ psychique. Elle n'a donc pas besoin de faire le moindre effort pour connaître quelque chose, tout est en elle, tous sont contenus dans son émanation ectoplasmique[2]. Un microcosme peut connaître un objet donné pendant un certain temps, mais pas pour tout temps passé ou à venir.

Là (en la Conscience, l'Entité, macropsychique) réside l'omniscience (Yoga Sútra) a-t-on dit[3]. Lorsque le microcosme veut se transformer en Macrocosme, il fait naître en lui-même un désir pour la connaissance totale, pour l'omniscience. C'est en rapport à cette phase du microcosme

---

[1] L'entité micropsychique, l'être individuel. (ndt)

[2] Sa « substance » psychique. (ndt)

[3] *Tatra niratishayaṁ sarvajña-biijam.* Patañjali *(1-25)* ; [ainsi, quand l'aspirant s'identifie au Macrocosme, il devient omniscient. (ndt)]

qu'on a affirmé : *En cette (Entité macropsychique) réside l'omniscience.*[5]

Voyez la condition pitoyable, misérable, du microcosme : la plupart d'entre vous ne savent pas ce qui vous est arrivé il y a cent ans. La plupart d'entre vous ne savent pas quelle était votre position sociale il y a deux cents ans. Vous en aviez cependant certainement une. Quelque chose vous est arrivé il y a cent ans mais vous avez tout oublié. Le Macrocosme, par contre, sait tout. Lorsque vous arriverez à être très proche de lui, vous pourrez savoir et voir toute chose du passé, du présent et du futur. Ne pas connaître, avoir oublié, les évènements passés de votre vie, disons cent ou deux cents ans en arrière, n'accroît pas votre prestige. Ce n'est pas glorieux. Vous pouvez cependant faire quelque chose : être en contact proche, dans un amour et une intime proximité avec Dieu et [ainsi] tout connaître ; voilà le meilleur des secrets. On dit alors : « Ce petit garçon[1] en sait beaucoup ». Le « petit garçon » ne sait rien, en fait, il est simplement dans une relation d'Amour avec le Macrocosme, voilà pourquoi il sait tout.

Tout ce que l'Entité macropsychique connaît est à l'intérieur de sa structure infinie, à l'intérieur de sa « forme » infinie. Tout est en elle, rien n'est hors d'elle. Tout est sa projection mentale, sa projection intérieure, intrapsychique. Voilà pourquoi elle sait tout et saura toujours tout. Quant aux individualités, aux entités micropsychiques, aux microcosmes, pour eux, presque tout est extérieur. Là réside leur imperfection.

---

[1] Ou : « cette petite fille » ; c'est ainsi que Shrii Shrii Ánandamúrtii s'adressait le plus souvent à ses disciples. (ndt)

En quoi consiste alors le culte du pratiquant ? En un mouvement, une avancée incessante de l'imperfection vers la perfection, de l'imperfection électronique vers la perfection nucléaire[1].

On dit que tout ce qui est, est la projection intrapsychique de Dieu, que la création est une pensée macropsychique. C'est pourquoi Dieu n'a besoin ni de membres ni d'organes sensoriels. Tout s'accomplit dans sa Pensée. Tandis que pour le microcosme, presque tout ce qui se passe se situe à l'extérieur. Il lui faut donc des organes moteurs pour s'exprimer et des organes sensoriels pour connaître et sentir. Le Macrocosme, lui, n'a pas besoin d'organes et nerfs moteurs et sensoriels, il est infini, il est immatériel.

Lorsque le point de rencontre entre Dieu se manifestant *(saguńa)* et son être transcendantal *(nirguńa)*, le point tangent rencontrant son existence caractérisée *(saguńa)* et son essence au-delà de toute détermination *(nirguńa)* se met en rapport avec un corps physique, nous disons que se manifeste « Dieu en tant que Sauveur » *(Táraka Brahma)*. La Source universelle est dans ce cas aussi présente, il est donc omniscient sans organe sensoriel ni moteur. Voilà le secret et c'est pourquoi, de Dieu :

> *Il saisit sans mains, court sans pieds, voit sans yeux, entend sans oreilles, et il connaît ce qui est à connaître, mais personne ne peut connaître ce Suprêmement Grand Être, nous ont dit les sages.[2]*
>
> *(Shvetáshvatara Upaniśad)*

---

[1] On compare ici le mouvement du pratiquant se rapprochant de Dieu à celui de l'électron tournant autour du noyau atomique. (ndt)

[2] *A-páńi-pádo javano grahiitá pashyaty acakśuh sa shrńoty akarńah ;*
Sa vetti vedyaḿ na ca tasyásti vettá tam áhur agryaḿ puruśaḿ mahántam. (III, 19)

Dieu fait tout sans l'aide de ses mains *(páńi[1])*. Il n'a pas de mains mais touche toutes choses. Il n'a pas de pied mais il est partout, il se déplace partout. Au même instant, il est à Patna, à Mokameh, à Samastipur et sur toute autre planète, étoile, etc. Il se déplace sans l'aide de ses jambes, saisit sans l'aide de ses mains. Je dis que c'est une entité circon-rotatrice, elle tourne autour d'elle-même et de personne d'autre.

Il voit sans yeux, il entend sans oreilles[s], pour voir vos propres créations mentales, vous n'avez besoin ni de nerf optique ni de vision oculaire externe, vous distinguez tout. De même, Dieu entend le langage intérieur de chacun et de toutes choses sans l'aide d'oreilles. Il entend non seulement les sons extérieurs mais aussi les sons venant du plus profond de chaque être vivant, [lui] transmettant tous ses ardents désirs et aspirations.

Dieu connaît ce qui est à connaître, mais personne ne peut connaître ce suprêmement grand être, ont déclaré (les sages).[s]

Dieu sait tout ce qui est connaissable. Il connaît tout ce qui entre dans le champ de la connaissance. D'un autre côté, aucune entité ne peut le connaître, lui, car pour le connaître, il faut s'unifier à l'océan du Macrocosme, il n'y a pas d'autre moyen.

Patna, 11 septembre 1978

---

[1] *Páńi* signifie main [en sanscrit] : une des divinités des Purâńas *(paoranika)* se nomme *Viińá-páńi* [« Celle ayant un luth à la main »].

4. Le divin soliloque

Quel est le monologue divin ? Dieu soliloque :
Tout naît en moi-même, tout se maintient en moi, tout se dissout en moi. Je suis Dieu, cet être unique.[1]

(Kaevalya Upanishad)

Tout vient de moi, demeure en moi et retourne en moi.

Tout vient de moi$_s$. Dieu a voulu créer quelque chose à partir de lui, projeter sa pensée dans son propre esprit. Il a voulu créer l'univers et celui-ci est apparu. Pourquoi l'a-t-il voulu ? Les philosophes n'arrivent pas à répondre à cette question : pourquoi Dieu a-t-il voulu créer l'univers ? Qui peut en connaître la raison ou le but ? Quel qu'il soit, la création a eu lieu. Les philosophes ne savent pas pourquoi l'idée de la Création est venue à l'esprit de Dieu. Mais, comme je vous l'ai dit il y a quelques jours, là où les philosophes échouent, les adorateurs *(bhakta)* réussissent. Là, les philosophes ne parviennent pas à donner à leurs interlocuteurs, ni même à eux-mêmes, une réponse satisfaisante. Les adorateurs, par contre, peuvent répondre, parce qu'ils ont un amour profond, intérieur, inconnu, secret, pour cet Être suprême, au plus profond de leur cœur. Ils disent : « Nous connaissons la raison : notre Seigneur était seul dans l'univers. Si vous étiez obligé de rester seul dans une maison,

---

[1] *Mayy eva sakalaṁ játaṁ mayi sarvaṁ pratisťhitam,
Mayi sarvam layaṁ yáti tad Brahmádvayam asmy aham. (v. 19)*

vous deviendriez presque fou, ne parlons pas, alors, de rester seul dans tout l'univers ! »

À ce moment-là, ce souverain solitaire qui peut voir, n'avait pas de visible à voir. Lui, à la puissance endormie [mais] à l'œil éveillé s'est [alors] imaginé soi-même comme non immuable.[1]

(Bhágavata Puráńa)

Notre Seigneur était seul. Il pouvait potentiellement voir, entendre, sentir, parler, tout faire ! Mais il n'y avait personne d'autre que lui. À qui parler alors ? Qui aimer ? À qui raconter ? Qui gronder en lui disant : « Mon garçon, pourquoi t'es-tu mal conduit ? Ne mérites-tu pas d'être puni ? Tu devrais l'être. » À ce moment-là, il ne pouvait punir personne car personne n'était là. Comme il n'y avait rien au-delà de lui, rien au-dehors, il ne pouvait avoir quelque chose d'autre [que lui] à aimer ou à punir. Je ne dis pas haïr car il ne sait pas haïr.

Il y a deux choses que Dieu ne peut pas faire : il ne sait pas haïr et il ne sait pas créer un deuxième Être suprême *(Parama Puruśa)*. Il reste une entité unique, solitaire. Il doit donc créer dans son propre esprit, par la projection intérieure de sa pensée. Voilà pourquoi le soliloque dit : *Tout naît en moi-même₅*.

En moi tout se maintient₅ : après avoir créé, il lui faut prendre soin de la Création. Qui d'autre le ferait ? Qui d'autre se chargerait de cette responsabilité, il n'y a personne d'autre. Pas un autre protecteur qui puisse prendre

---

[1] *Sa vá eka tadá draśťá na pashyad drshyam ekaráť,*
Mene 'santam ivátmánaḿ supta-shaktir asupta-drk. (3,5,24)

soin de la création, cela doit donc être lui-même. Dieu seul peut se charger de cette tâche.

En moi tout disparaît$_s$. Comme vous le savez, tout se meut. Cet univers est un spectacle changeant, une réalité passagère, un panorama éphémère. Dans la mesure où les pensées sont changeantes, cet univers aussi est changeant, tout est en mouvement. En sanscrit, on appelle le monde *saṁsára (saṁ-SR + ghaiṇ)*, ce qui signifie « qui se meut par nature ». On nomme également le monde *jagat (GAM + kvip)*, qui veut dire : « en mouvement ».

Ainsi, tout se meut parce que les pensées sont fluctuantes. Ces pensées, ces ondes sont fluctuantes à la manière d'une pulsation. Après leur fluctuation, où ces êtres créés vont-ils nécessairement ? Ils retournent pour finir à leur point de départ qui devient leur point culminant. C'est pourquoi le soliloque dit : *tout retourne en moi*. Il n'y a pas d'autre choix : *nányah panthá vidyate 'yanáya[1], c'est la seule route*, la progression circulaire qu'on appelle le cycle divin *(brahma-cakra)*, l'ordre cosmologique.

... Je suis ce Dieu, cet être unique (tad Brahmádvayam asmy aham). « Tout ceci est mien. J'œuvre à sa création, à son entretien, son maintien, pour finalement tout rappeler en moi. C'est ma responsabilité et c'est pourquoi on me dit Dieu *(Brahma)*. *Je suis cet être unique.* » Il ne peut y avoir deux Dieu. Il ne peut y avoir deux Être suprême.

« J'ai deux imperfections : premièrement je ne peux pas créer un deuxième Être suprême. En effet, l'être qui m'aime s'unifie à moi, il ne peut donc pas conserver une identité

---

[1] *Shvetáshvatara Upaniśad. 3,8* ou *6,15.* (ndt)

séparée ; voilà pourquoi je reste toujours unique. Deuxiè-mement, comme j'ai créé toute chose, toute chose est mon enfant, ma progéniture. C'est pourquoi je ne peux rien haïr.

Toujours occupé à créer, à entretenir et à détruire, je n'ai pas le temps de me reposer. »

Patna, le 12 septembre 1978

5. L'Amour, l'ingrédient essentiel

Vous savez tous qu'un curry sans sel n'est pas savoureux, même si on l'a préparé avec grand soin. De même, aucun effort humain visant à relier le fini à l'Infini ne peut atteindre son but s'il est dénué d'Amour de Dieu.

Prenez le cas des œuvres *(karma)*. Aucune des œuvres du pratiquant qui suit la voie des œuvres *(karma yoga)* n'atteint son but si elle est dénuée d'Amour de Dieu. Une œuvre n'est glorifiée que si elle est en permanence associée à de l'amour et du dévouement pour Dieu. Sinon les actes [les œuvres] deviennent mécaniques. La légère intention spirituelle qui leur est associée au départ disparaît rapidement et le mouvement n'est plus tourné que vers l'extérieur [ce monde]. Autrement dit, l'existence humaine devient mécanique. On ne peut donc pas atteindre au But suprême par ses actes tant que ceux-ci ne sont pas associés à du dévouement et de l'amour pour Dieu.

Voyons maintenant ce qu'on peut attendre de la mortification, [des pénitences] *(tapasyá)*. Se mortifier, c'est souffrir par choix, pour atteindre son but en peu de temps. Si, durant cette mortification, on n'a pas d'amour pour Dieu, qu'en est-il ? Cette mortification n'est qu'une perte de temps. Se mortifier sans amour, c'est mal employer son temps et cela produit un effet défavorable à la fois physique et psychique. Le résultat est sans aucun doute mauvais.

Qu'est ce que le yoga ? *Yogash citta-vrtti-nirodhah* : *Le yoga est la mise en suspens de tous les élans psychiques*[1] [disent les *Yoga Sútra*]. Si lors de cette mise en suspens, l'Amour de Dieu est présent, toutes les tendances en suspens se reposent en l'Être Suprême.

Celui-là est un grand yogi mais s'il n'a pas d'amour pour son But spirituel, ses élans en suspens finissent par se transformer en matière inerte. Autrement dit, la subtile existence humaine devient tel le fer, le bois ou le sable. Quelle dégénérescence ! Quelle chute ! On appelle cette sorte particulière de yoga où le yogi n'entretient pas d'amour de Dieu, *hatha yoga* en sanscrit. Il est dangereux pour l'élévation humaine.

Hatha provient de *ha* et *tha*. *Ha*, qui représente le *súrya-nádii* ou *piungalá nádii* [le méridien solaire], est la racine acoustique de la force physique. *Tha* représente le *candra-nádii* ou *idá nádii* [le méridien lunaire] ; c'est la racine acoustique des facultés mentales. *Hatha* désigne ainsi la maîtrise forcée du psychisme par la force physique[2]. Il est clair qu'un pratiquant du *hatha yoga* ne peut pas atteindre à la libération spirituelle.

Prenons maintenant quelqu'un qui n'a pas de dévotion, d'amour de Dieu mais qui est un savant *(jinánii)*, un intellectuel. On le reconnaît comme un très grand intellectuel, il sait ceci, il sait cela. La connaissance *(jinána)* sans Dieu *(Parama Puruśa)* n'est cependant que comme la peau de la

---

[1] Patañjali, *Yoga Sútra 1,2.* (ndt)
[2] Dans le langage courant, quand quelque chose se produit abruptement, tout d'un coup, on emploie ce mot : *hathát ;* autrement dit : *hathena kurute karma* [« l'action s'effectue par la force (avec *hatha*) »].

banane. Ce n'est pas véritablement la banane mais simplement sa peau. Le savoir de cet intellectuel n'est pas la vraie connaissance *(pará vidyá)*, ce n'est qu'une connaissance inférieure *(apará vidyá)*, un savoir relatif qui se rattache au grossier matérialisme. Ce genre de grossière connaissance matérielle préoccupée uniquement de matérialisme grossier a beaucoup nui à la société humaine durant le dernier siècle. Il l'a toute entière abusée, transformant les êtres humains en animaux. Les animaux ont d'ailleurs été eux-mêmes férocement exploités par les propagateurs de ces philosophies matérialistes.

La connaissance qui promeut l'agréable détruit la vie [de l'âme],

La connaissance au service du Bien, cette connaissance-là conduit au salut.[1]

On dit que toutes les connaissances – supérieure et inférieure – sont tel un immense océan de lait. Lorsqu'on baratte cet océan, qu'obtient-on ? Du beurre et du petit lait. Après avoir baratté cet océan, les amants de Dieu, [les adorateurs] se régalent du beurre. Le petit lait est ce qui reste aux savants, aux intellectuels. Ceux-ci se disputent pour savoir qui a des droits sur ce petit lait. Aucun d'entre eux ne finit par le boire parce que le temps qu'ils se décident sur qui va en profiter, il tourne.

Il y a de nombreuses sortes d'adorations *(bhakti)*. Parmi elles, les trois principales sont l'adoration enténébrée *(támasii)*, l'adoration mitigée *(rájasii)* et l'adoration juste *(sáttvikii)*.

---

[1] *Preyas-kará yá buddhih sá buddhih prána-ghátinii,*
Shreyas-kará yá buddhih sá buddhir mokśa-dáyinii.

L'adoration enténébrée est une adoration statique. Ce n'est pas une adoration véritable parce que ce qu'en espère le pratiquant est la destruction de son ou ses ennemi(s). Dieu n'étant pas son but, il ne peut pas atteindre à lui.

L'adoration mitigée est une adoration intermédiaire. Ce qu'on recherche dans cette forme d'adoration, ce sont les biens matériels. Peut-être en obtiendra-t-on la prospérité [matérielle], mais on n'en obtiendra certainement pas Dieu puisqu'il n'en est pas le but.

Dans l'adoration juste, ou consciente, le but de l'adoration est Dieu lui-même.

Les pratiquants ne devraient aspirer qu'à Dieu et à lui seul. Tel est le But suprême de tout effort humain.

Patna, le 13 septembre 1978

6. Les caractéristiques divines et les cinq formes de l'ignorance spirituelle

Je vais vous parler aujourd'hui de certaines caractéristiques divines, de qualités essentielles pour que nous considérions Dieu *(Iishvara)* comme tel.

Les *[Yoga-sûtras]* affirment :

Klesha-karma-vipákáshayaer aparámrśtah puruśa-
visheśa Iishvarah. [Patañjali, *Yoga-sútra, I-24*]

[Dieu est cette entité spirituelle, l'Esprit non soumis aux penchants causes de souffrances, à l'action, à ses conséquences, et indépendante de tout emplacement.]

Dieu est celui qui reste inaffecté par les tendances essentielles que sont les penchants causes de souffrances, les actes, leurs conséquences ou un emplacement.

Si ce n'est pas le cas, on peut peut-être qualifier [cette entité] de *Bhagaván* [(saint/seigneur)] ou autre, mais pas d'*Iishvara* [(Dieu)].

[Les cinq « penchants causes de souffrances » (klesha) ou formes de l'ignorance]

Que sont ces « penchants causes de souffrances » *(klesha)* ? Ce sont des dispositions *[(vrtti)]* mentales ; je dis mentales, parce que dans ce cas, ou dans certains cas, elles ne sont pas du tout liées au système nerveux.

On qualifie les dispositions, les penchants directeurs d'affligeants *(kliśtá vrtti)*, d'afflictions *(klesha)*, lorsque la vibration mentale ne peut pas se mettre en phase avec le système nerveux. Lorsqu'ils sont en phase avec le système nerveux, on les dit non-affligeants *(akliśtá vrtti)*.

[*Vrttayah ... kliśtákliśtáh.*

Les dispositions mentales *(vrtti)* ... sont affligeantes ou non affligeantes.   *Yoga-sútra, I-5*]

Pour Dieu, la question de maintenir l'harmonie entre vibrations mentales et vibrations des nerfs ne se pose pas car tout en son Être est, par nature, intérieur. Il n'a donc pas à se mettre en accord avec quoi que ce soit d'autre que lui-même. C'est pourquoi, il n'est pas soumis aux afflictions.

Chez l'être humain, les penchants causes d'affliction *(klesha-vrtti)* sont engendrés par l'ignorance spirituelle *(avidyá)* :

[*Avidyá kśetram uttareśám ... .*

L'ignorance est leur matrice ... .   *Yoga-sútra, II-4*]

Cette ignorance, l'ignorance fondamentale, se manifeste sous cinq formes :

L'ignorance, le c'est moi, le désir irraisonné, l'aversion et l'obsession des impressions terrestres.

[*Ce sont les penchants causes de souffrances (klesha) (Avidyásmitá-rága-dveśábhiniveshág kleshág).]*

Yoga-sútra, II-3

Ces formes de l'ignorance sont à l'origine de [toutes les autres] dispositions mentales affligeantes *(kliśtá vrtti)*.

1. L'ignorance *(avidyá)*

Anityáshuci-duhkhánátmasu,
Nitya-shuci-sukhátma-khyátir avidyá.   [Yoga-sútra, II-5]

L'ignorance, c'est considérer un état (vrtti) éphémère, impur, malheureux et non spirituel comme éternel, pur, heureux et spirituel.

Tout dans cet univers matériel *(páiṇcabhaotika)* est de nature passagère. Lorsque, sous l'influence de cette ignorance, l'ignorance cardinale, on pense que tout demeurera avec soi tel quel, cet état d'esprit est l'ignorance. Autrement dit, prendre ce monde transitoire pour un monde permanent, l'impur pour le pur, les difficultés terrestres pour le bonheur absolu et le non-spirituel, autrement dit le matériel, pour suprême, voilà l'ignorance. Ce sont différents types d'ignorance. C'est comme un chien mâchant un os. Il n'y a rien dans l'os mais, tandis qu'il mord, ses lèvres se blessent et du sang se met à couler. Le chien suce son propre sang, le prenant pour du jus venant de l'os. Alors même que le chien se blesse, il s'imagine lécher du bonheur. Voilà le genre de choses qui se produisent sous l'effet de l'ignorance. On prend des objets inertes et sans vie pour des objets doués d'une âme radieuse, pour des idoles spirituelles. Tout cela provient de l'ignorance [spirituelle].

2. Le « c'est moi » *(asmitá)*

Drg-darshana-shaktyor ekátmatevásmitá.
[Le « c'est moi » assimile l'entité qui voit à l'instrument qui voit.
*   (Yoga-sútra, II-6)]*

La deuxième forme de l'ignorance est le sentiment de « c'est moi ». Lorsque les sens fonctionnent, la pensée est là pour en être le témoin. En son absence, les fonctions sensorielles sont ignorées. De même, la présence de l'âme permet que tout ce que fait la pensée soit reconnu. S'il n'y avait pas l'âme *(átman)*, l'esprit, tout ressenti mental resterait ignoré. Sous l'influence de l'ignorance cardinale, l'on croit que les fonctions mentales et leur faculté témoin [l'âme] sont une seule et même chose. Cette forme d'ignorance est le « c'est moi ».

La fonction de l'œil est de voir mais c'est la pensée qui permet aux yeux d'accomplir leur fonction. La faculté/instrument *(shakti)* qui permet aux yeux de voir est la vision *(darshana)*. C'est grâce à cette faculté et à la pensée que l'on voit. C'est pourquoi l'existence de la pensée est tout aussi essentielle. On qualifie alors, dans ce contexte, la pensée d'« entité qui voit » *(drk-shakti)*.

La fonction de la main est la préhension *(shilpana[1]-kriyá)* et celle des pieds la locomotion. Les sens et les organes moteurs[2] n'agissent que si la pensée est derrière eux. C'est elle qui donne une existence concrète à leurs fonctions sensorimotrices. C'est pourquoi, si l'on considère les organes sensoriels ou moteurs comme l'instrument de l'action *(karma-shakti)*, il faut alors qualifier la pensée d'entité activante *(krt-shakti)*. En l'absence d'entité activante, l'action ne s'effectue pas.

Penser que ce qui déclenche l'action *(krt)* et ce qui effectue l'action *(karma)* sont une seule et même chose vient

---

[1] Le terme *shilpa* désigne les travaux et les arts manuels. On qualifie néanmoins, aujourd'hui, les chanteurs célèbres de *kantha-shilpii* [« manuels de la gorge »]. Les cordes vocales n'accomplissent bien sûr aucune fonction manuelle *(shilpa)*.

[2] Correspondant aux cinq organes moteurs (mains, pieds, cordes vocales, anus et organe sexuel) et aux cinq organes des sens. (ndt)

d'un manque de juste connaissance. C'est de même qu'on confond ce qui regarde *(drk)* et ce qui voit *(darshana)*. Ceux qui font cela sont ignorants. On appelle cette ignorance le « c'est moi » *(asmitá)*.

3. Le désir irraisonné *(rága)*

[Sukhánushayii rágah
*   Le désir irraisonné naît du plaisir.   Yoga-sútra, II-7]*

Qu'est-ce que le désir irraisonné ? Lorsque sous certaines influences extérieures comme de mauvais livres, une mauvaise compagnie ou toutes sortes de mauvaises associations, l'on ressent un faible pour un objet ou qu'on va vers lui sans la moindre raison ou la moindre explication raisonnable, la forme d'ignorance engendrant cet état d'esprit est le désir irraisonné.

4. L'aversion *(dveśa)*

[Duhkhánushayii dveśah
*   L'aversion naît du désagrément.   Yoga-sútra, II-8]*

La quatrième forme de l'ignorance est l'aversion. L'aversion naît à cause de l'influence personnelle ou intellectuelle d'autres personnes. Lorsqu'on ressent une sorte de répulsion envers certains objets sans explication raisonnable, on appelle ce sentiment, aversion.

5. L'obsession des impressions terrestres

Sva-rasa-váhii viduśo 'pi tathá-rúdho 'bhiniveshah.

*   [Portée par une inclination personnelle, l'obsession des impressions terrestres se développe même chez la personne instruite.   Yoga-sútra, II-9]*

La dernière et la plus dangereuse [forme de l'ignorance spirituelle] est l'obsession des impressions terrestres *(abhinivesha)*. Les personnes instruites et les intellectuels, les érudits – qui savent ce qu'est ceci, ce qu'est cela ou ce qui est quoi – sont eux-mêmes, bien qu'ils sachent tout, pris au piège de certaines propensions. On appelle ce type de faiblesse, obsession des impressions terrestres *(abhinivesha)*. Vous avez peut-être déjà vu un professeur qui bouge ses doigts comme s'il utilisait une baguette. Dans sa salle de classe, il utilise une baguette, mais là, maintenant, bien qu'il n'en ait pas à la main, il bouge ses doigts comme si. Un ivrogne sait que boire est très mauvais, il ne peut pourtant pas y renoncer. Ce sont des exemples de l'obsession des impressions terrestres.

[Les principaux modes de fonctionnement mental ou ***vrtti*]**

Induites par les cinq formes susmentionnées de l'ignorance spirituelle [(les *klesha*)], les modes de fonctionnement mental *(vrtti)* sont « affligeants » *(kliśtá)*.

Les principaux modes de fonctionnement mental sont :

*Les façons de connaître, la conception erronée, la pensée avec sens figuré, le sommeil et la mémoire.*ₛ

(Yoga Sútra, I-6)

– Les façons de connaître *(pramáńa)* comprennent :
Pratyakśa-anumána-ágamáh pramáńáni
[la perception, la déduction et le recours à une personne/texte faisant autorité.   Yoga Sútra, I-7]

Autrement dit, tout ce que l'on perçoit par ses sens *(pratyakśa)*, tout ce qui peut s'apprendre par la déduction (par exemple, s'il y a de la fumée, on peut en conclure qu'il y a un feu, c'est cela *anumána*) et [le recours à] l'*ágama*, qui sont les textes sacrés *(ápta-vákya)*. Il s'agit aussi parfois de sciemment ne pas conformer aux préceptes des évangiles des textes sacrés.

– La conception erronée *(viparyaya)*

Viparyayo mithyá-jiṅánam atad-rúpa-pratiśṭham.

[La conception erronée est une conception fausse dans la mesure où elle s'appuie sur quelque chose qui n'est pas.   *Yoga Sútra, I-8]*

Nous utilisons certaines expressions sans que leurs mots renvoient à quelque chose de réel. Par exemple : « Nous demeurons en plein cœur de la ville » ou « Ce bel immeuble se trouve en plein cœur de la ville. » Une ville est une construction matérielle, a-t-elle un cœur ? Le cœur est un organe propre aux organismes vivants or la ville est en soi typiquement inorganique. Complètement matérielle, elle n'a pas de vie en elle. On dit que cette façon d'utiliser la langue « est contraire (à la réalité de l'objet) » *(viparyaya)*.

Parfois, nous nous servons d'expressions [décrivant quelque chose d'impossible] comme dans le verset suivant :

S'étant baigné dans l'eau d'un mirage avec sa couronne de fleurs du ciel, le fils de femme stérile, muni d'un arc en corne de lapin, tire[1,1,2]

---

[1] Les expressions « fils d'une femme stérile », « fleur du ciel » « cornes de lapin » sont des expressions traditionnelles pour désigner quelque chose d'impossible, de contraire au réel (comme pour nous l'expression « quand les poules auront des dents »). (ndt)

Nous aimons cela sous l'effet de l'ignorance spirituelle. Tout cela fait partie des activités mentales affligeantes.

– La pensée avec sens figuré *(vikalpa)*

Shabda-jiṇánánupátii vastu-shúnyo vikalpah
[La pensée avec sens figuré est celle qui, dénuée de réalité, découle de la connaissance du langage.]

(Yoga Sútra, I-9)

Nous utilisons aussi la pensée avec sens figuré, et parfois à tort. Par exemple, nous venons d'Arrah et allons à Patna. Après avoir traversé Phulwarii Shariff, vous dites : « Patna arrive ». Non, Patna ne vient pas, Patna reste où elle est. C'est vous qui vous rapprochez de Patna. Vous dites : « Cette route va à Bénarès ». La route ne se déplace pourtant pas, c'est vous qui vous déplacez.

Je n'ai pas besoin de vous expliquer :

– **le sommeil** *(nidrá)* et

– **la mémoire** *(smrti)*.

[Induites par] les « cinq formes susmentionnées de l'ignorance spirituelle » *(klesha)*, toutes ces activités mentales *(vrtti)* sont sources d'affliction *(kliśtá)*.

---

[1] Le sens de ce verset est : « *Qu'après avoir pris un bain dans l'eau d'un mirage...*, comme vous le savez, le mirage se produit dans le désert, ce n'est en fait qu'un reflet, il n'y a pas d'eau à cet endroit-là ; *...portant une couronne de fleurs du ciel*, il n'y a pas de fleurs dans le ciel ; *le garçon dont la mère est une femme stérile...* : une femme stérile ne peut pas avoir d'enfants ! ... *tire avec son arc et ses flèches faits de cornes de lapins et de lièvres*, les lapins et les lièvres n'ont bien sûr pas de cornes.

[2] *Mrga-trśñámbhasi snátah kha-puśpa-krta-shekharah,*
Eśa vandhyá-suto yáti shasha-shruṇga-dhanur-dharah.

Voyons maintenant :

L'action *(karma)*

L'action correspond à un mouvement, un changement de lieu, c'est la force qui met en œuvre le déplacement. Pour Dieu *(Parama Puruśa)*, tout est intérieur, la question du changement de lieu ou de place ne se pose donc pas : il n'est pas soumis à la notion d'espace. L'action ne l'affecte donc pas.

[Les conséquences *(vipáka)*]

Vipáka signifie réaction, élan réactionnel. Dès qu'il y a action, il se crée une réaction égale et opposée dans la mesure où les facteurs temps, lieu et personne restent inchangés. Le moindre changement dans la personne, l'endroit ou le moment, et la réaction n'est pas égale et opposée mais plus forte ou moins forte. Ces trois éléments changent, en fait, lors de chaque action. La réaction n'est donc jamais égale et opposée. Supposons qu'on ait emprunté cent roupies. À cause du changement du facteur temps, au moment du remboursement, il faut payer un intérêt avec la somme principale de cent roupies. La somme payée est quelque chose comme cent cinq ou cent dix roupies. Quelqu'un a mal agi et vient voir Bábá[1] pour une pénitence. Bábá le punit selon l'exacte importance de sa mauvaise action : ou un petit peu plus ou un petit peu moins. L'importance du châtiment n'est pas identique à cause du changement du facteur temps.

---

[1] « Père » en indien, nom affectueux donné au guru. (ndt)

On appelle cette réaction *vipáka* [conséquence] en sanscrit. Dès qu'il y a une action, lorsque l'action prévaut, règne, agit, il y a, nécessairement, une réaction. Mais pas pour Dieu. Toutes les actions s'effectuent en lui-même, à l'intérieur de sa structure macro-psychique. Pour lui, la question d'être affecté par une réaction ne se pose donc pas. C'est pourquoi même les conséquences ne l'affectent pas.

L'emplacement *(áshaya)*

Áshaya désigne quelque chose qui contient. Chaque expression de cet univers, chaque entité requiert une base *(ádhára)* où demeurer. Personne ne peut exister sans cela. Que ce soit une idée ou une action, un emplacement est indispensable, en particulier pour un corps physique, matériel.

Il y a quatre mille ans, la ville de Patna *(Paíná)* s'appelait Kusumapura [la « cité des fleurs »]. À l'époque d'Ashoka, elle devint Páṭaliputra. Par la suite, elle fut inondée et ravagée par les crues du Gange et de la Shoṅa. Elle fut reconstruite et une nouvelle ville fut fondée.

Pour désigner la fondation [d'une ville], nous avons le mot sanscrit *pattana.* De Pattana, elle devint [] et plus tard Paíná. Le nom Paíná dérive ainsi de Pattana et non de Páṭaliputra. La ville de Patna se situe dans son département, son département dans sa région, sa région dans l'État du Bihar. Celui-ci est en Inde qui est en Asie, elle-même sur la Terre.

En sanscrit, la Terre a de multiples noms : *bhú, bhúmi, dhará, dharitrii, sarvaṁsahá, vasumatii, gotrá, ku, prthivii, prthvii, kśamá, avanii, mahii,* etc. La Terre demeure dans le système solaire qui lui se trouve en Dieu. Mais pour l'Être suprême, il n'y a pas d'emplacement *(áshaya)*. Il n'a besoin de nulle part où résider. Il n'est donc pas affecté par un emplacement. C'est pourquoi :

Dieu (Iishvara) est cette entité supérieure (visheśa puruśa) – non un être incarné mais – l'Esprit qui est non soumis aux cinq formes de l'ignorance, à l'action, à ses conséquences, et indépendant de tout emplacement.[s, a]

Durant la période moghole, les rois de Delhi aimaient à se penser comme les dieux *(iishvara)* de Delhi, les maîtres/dieux du monde. Ils oubliaient souvent qu'ils n'étaient dieux ni de Delhi ni du monde, ils n'étaient que des êtres ordinaires.

Patna, 14 septembre 1978

7. Le salut de l'être humain

La question du salut de l'être humain se pose depuis l'aube même de la civilisation. L'existence suprapsychique qui se maintient en étroite intimité avec une structure corporelle qu'elle utilise comme seul véhicule de ses émissions et émanations, peut connaître le salut. Shiva dit :

L'homme atteint au salut quand il se comprend comme ne faisant qu'un avec Dieu.[1]

(Mahánirváńa Tantra)

Même si l'on a une structure corporelle, on peut connaître le salut si l'on change [en soi] l'idée de microcosme en celle de macrocosme. La possibilité d'atteindre au salut réside dans l'existence même de l'Être suprapsychique.

Ce qui est infini dans le macrocosme est fini dans le microcosme mais le potentiel reste identique. Que faut-il alors pour développer, par l'approche mystique, ses qualités finies en qualités infinies ? Et qu'est-ce que le mysticisme ? Le mysticisme est un effort ininterrompu pour révéler le lien entre le fini et l'infini. Lorsque ce lien s'établit, la parole de Shiva s'accomplit. Que dit Shiva ?

*L'homme atteint au salut une fois qu'il ressent je suis Dieu.*ₛ

---

[1] *Brahmaeváham iti jiņátvá mukto bhavati dehabhrt. (XIV, 115)*

Dans l'hymne à l'Absolu *(Brahmavandaná)* [du *Mahá-nirváńa Tantra*][1], où l'on attribue de si nombreuses qualités à Dieu, on qualifie Dieu de Suprême Sujet *(Paresha)* :

[Ô Suprême Sujet, Présence prééminente dont la forme impérissable est toute chose, Vérité indéfinissable qu'on ne peut atteindre par les sens, l'action ou la pensée, Inconcevable Immuable, Omniprésent Principe invisible, Seigneur suprême, lumière du monde, protège-nous du mal ![2]]

Qu'est-ce que Suprême Sujet *(Paresha)* signifie ? Sujet et objet sont les deux pendants de chaque existence. Ce sont les deux parties ou contreparties d'une même entité. On appelle la partie perçue ou effectuée, l'objet *(apara)* et la partie qui perçoit ou effectue, le sujet *(para[3])*. Ce que vous percevez par vos organes des sens ou ce que vous faites par vos organes d'action – cette entité extérieure – est, dans la première phase, l'objet, et vos organes des sens ou vos organes moteurs sont le sujet, la contrepartie sujet de cet objet. Dans la deuxième phase, la phase intérieure suivante, vos organes sont les objets et votre psychisme est le sujet. Puis dans la phase intérieure suivante, votre psychisme est l'objet et votre individualité spirituelle, votre âme, est le sujet. Finalement, dans la dernière phase, votre âme *(átman)* est l'objet et Dieu, le Suprême Sujet. Dieu est suprême *(iisha)* à tous ces sujets *(para)*, c'est pourquoi on l'appelle le Suprême Sujet *(Paresha [para + iisha])*.

---

[1] *III, 59-63*, ses cinq strophes le font aussi appeler l'Hymne aux cinq joyaux ; est ici commenté le quatrième joyau (la strophe 62). (ndt)

[2] *Paresha, prabho, sarva-rúpávináshinn anirdeshya sarvendriyágamya satya, acintyákśara vyápakávyakta-tattva, jagad-bhásakádhiisha páyád apáyát !*

[3] Littéralement « celui qui est au-dessus » (ndt)

On atteint ce Sujet suprême en se recueillant, en retirant de ce monde objectif toutes ses propensions mentales pour les diriger vers l'état de sujet, devenant un avec le Sujet suprême. Tel est le secret de la pratique spirituelle *(sádhaná)*.

Ainsi, Dieu est le Sujet suprême et aussi la Présence prééminente *(Prabhu[1])*. Il est la Présence prééminente dans le monde.

On peut démontrer la parole de Shiva de nombreuses façons. On dit [dans l'hymne] qu'on ne peut pas atteindre à Dieu par les facultés mentales, les sens et les facultés d'action [regroupés sous le nom d'*indriya*].

Que sont les *indriya* ? Ce sont les cinq organes moteurs[2], les cinq organes des sens plus le onzième [organe] qui est la pensée. Dieu est ainsi qualifié d'« inatteignable *(a-gamya)* par tous *(sarva)* les *indriyas* » : *sarvendriyágamya*.

Lui que l'œil ne peut voir mais d'où les yeux tirent la faculté de voir.[3] (Kena Upaniśad) est inatteignable par toutes les facultés mentales, les sens et les facultés d'action, ceux-ci ne peuvent l'atteindre.

Ce qui est le plus important ici est que le psychisme, la pensée, fait aussi partie de ces facultés, il en est la onzième. C'est pourquoi les Védas disent également :

De Dieu, les paroles comme la pensée s'en reviennent, ne pouvant l'atteindre. Celui qui connaît la Béatitude de

---

[1] *Pra* signifie supérieur, prééminent *(prakrśa)* et *bhu* « qui est » ; *prabhu* signifie donc « présence prééminente ».
[2] pieds, mains, bouche, anus, sexe. (ndt)
[3] *Yac cakśuśá na pashyati yena cakśúmsi pashyati. (Kenopaniśad 1,6)*

Dieu ne connaît pas la peur.[1]   *(Taettiriiya Upaniśad)*

Autrement dit, [le Suprême Sujet], suprême subjectivité, se trouve là où toutes les expressions mentales et sensorimotrices – la pensée et les sens – échouent. Quand cette pensée, les sens et les facultés d'action sont recueillis et placés en ce [Suprême Sujet], voilà l'État suprême. Dans cet état, il n'y a pas de peur.

Ô Vérité inatteignable par toutes les facultés mentales et sensorimotrices[s] ! Il s'agit de la Suprême Vérité, c'est-à-dire de là où l'état absolu *(Sat)* est pleinement établi qu'on appelle la Vérité *(Satya)*. Et qu'est-ce que l'état absolu ? C'est ce qui ne subit aucune métamorphose. C'est ainsi que dans cet univers, ce Sujet suprême, cette Entité « inatteignable par la pensée, les sens et l'action » est la seule Vérité (je n'utilise pas les paroles exactes du verset [de l'hymne à l'Absolu], je ne veux que gloser sur la Vérité *(Satya)*).

Inconcevable (acintya), Dieu ne peut pas être votre objet mental. Je vous disais, l'autre jour, que lorsque vous méditez sur Dieu, vous ne pouvez pas le considérer comme votre objet. Parce qu'il est votre je. Tout ce qui est, est son objet. Il est le Sujet suprême, peut-il alors être, pendant votre méditation récitative *(japa)* ou contemplative *(dhyána)*, votre objet ? Il ne peut pas être votre objet. Ce qu'il faut donc faire, lorsque vous pratiquez la méditation récitative ou contemplative – et tout le charme est là – c'est penser que Dieu vous regarde : vous êtes son objet. Vous devriez toujours vous rappeler cela durant votre méditation,

---

[1] *Yato váco nivartante aprápya manasá saha, Ánandaḿ Brahmaño vidván má bibheti kutashcana. (Taettiriiya Upaniśad II, 4 ou 9)*

récitative comme contemplative. Voilà l'idée. Voilà l'état d'esprit. Il est inconcevable, vous, vous êtes pensé, conçu par lui.

Quant à *aksara* [immuable], cela signifie « là où il n'y a ni déclin ni dégradation ». Dieu est ainsi l'Inconcevable Immuable *(acintyáksara)*.

Dieu est aussi qualifié de *Seigneur suprême, lumière du monde (Jagad-bhásakádhiisha)*. *Jagat* [le monde] signifie [littéralement] « ce qui est en mouvement ». Tout dans ce monde manifesté se meut, ce monde est un panorama changeant.

Ô Suprême Seigneur qui illumine le monde (Jagad-bhásakádhiisha) : tout dans ce monde créé scintille grâce à Dieu ; autrement dit, Dieu est la source suprême de toute lumière, plus exactement, la seule source de toute lumière. Nous recevons la lumière et l'énergie d'Apollon, le soleil, et lui-même reçoit tout de Dieu. Dieu est le père suprême, la source suprême de toute lumière, la lumière créatrice *(Savitá)* suprême. C'est pourquoi dans le *gáyatrii mantra*[1], on s'adresse à Dieu sous le nom de Lumière créatrice *(Savitá)*.

Il est le *Seigneur suprême, lumière du monde* car toute entité tire son éclat de lui. Toute lumière provenant de lui, il est intimement proche de toute chose, de tout être, important comme insignifiant. C'est pourquoi, en suivant ces rayons de lumière, en avançant vers le point d'où tous émanent, vous atteindrez à la Source suprême. L'affirmation de Shiva est donc parfaitement juste :

---

[1] Cette prière très connue, le *Savitr-rk* du *Rig-Véda (III,62,10)*, est expliqué notamment dans le tome 1 de cette série. (ndt)

En ressentant son unité avec Dieu, l'être humain connaît le salut.[5]

Quand en suivant en sens inverse le mouvement de ces rayons de lumière l'on finit par atteindre leur Source, l'on sent que l'on est fondamentalement Dieu *(Brahma)*. En suivant ce chemin de la spiritualité, *l'être humain connaît le salut (mukto bhavati dehabhrt)* : l'existence suprapsychique qui a accepté la structure corporelle comme premier voisinage et qui l'utilise comme véhicule de toutes ses émissions et émanations, finit par connaître le salut.

L'affirmation de Shiva était vraie, elle l'est toujours et à jamais.

Patna, 15 septembre 1978

8. Le divin Magicien

Ceux qui connaissent l'Éminent Magicien qui règne par ses pouvoirs divins, qui règne grâce à eux sur tous les mondes, lui seul qui est dans la naissance, l'existence et la destruction, deviennent immortels.[1]

(Svetáshvatara Up.)

Le créateur de cet univers est un grand magicien. Par ses enchantements, il crée et dirige cet univers. Rien dans cet univers qu'il ne puisse diriger, qu'il ne commande : tous et chaque entité lui obéissent et c'est par sa Puissance divine *(Shakti)* qu'il maintient son emprise : *Cette Puissance agissante est celle de l'Esprit (Shiva)*[2]. Cette Puissance agissante n'a pas d'autre choix que d'agir conformément aux désirs [du magicien, l'Esprit] et c'est grâce à elle qu'il commande toute chose. Étant le commandeur suprême, il est le Seigneur du monde *(Iishvara)*.

Lorsqu'un magicien fait apparaître quelque chose, le spectateur pense : « C'est magique ! quel spectacle ! » Mais le magicien, lui, connaît le secret du tour et il sait que si quelqu'un parmi les spectateurs le découvre, il ne sera plus envoûté par le spectacle. Tant que l'illusion demeure, le

---

[1] *Ya eko jálaván iishata iishaniibhih sarváṇl lokán iishata iishaniibhih, Ya evaeka udbhave sambhave ca ya etad vidur amrtás te bhavanti. III,1*
[2] *Shaktih sá shivasya shaktih. (Ánanda Sútram 1, 2)* [précis philosophique de l'auteur. (ndt)]

spectateur reste charmé par l'univers magique créé. Puis la magie s'en va. Il se dit alors : « Non ! je ne désire pas voir ce déploiement d'illusions, je veux faire partie de l'équipe du magicien, pas du groupe des spectateurs. »

Le magicien veut que l'on regarde le spectacle. Que font les spectateurs, les spectateurs intelligents, qui veulent rejoindre l'équipe de l'illusionniste ? Ils développent de l'amour pour le [divin] illusionniste et rejoignent son équipe. Une fois qu'ils font partie de son équipe, tous les secrets des enchantements leur sont révélés.

Lui qui seul est dans la naissance, l'existence et la destruction$_s$: toutes ces expressions enchanteresses, ces déploiements d'illusions ont leur origine en ce Suprême Magicien qui se manifeste sous la forme de tant d'expressions enchantées, qui entretient l'existence de ces objets créés par enchantement, et dans le creuset intérieur duquel ces objets finissent par retourner.

Ceux qui le connaissent deviennent immortels$_s$. Le pratiquant spirituel intelligent qui devient intime avec le magicien grâce à son extrême amour pour lui, atteint l'immortalité.

Qu'est-ce que l'immortalité ? Tout dans cet univers se dégrade et dépérit mais la Vérité suprême reste immuable, inaltérée. L'aspirant, l'aspirant intelligent qui s'abrite en elle, devient lui aussi immortel. C'est pourquoi l'on qualifie Dieu de « Mort de la mort » *(Mrtyur-mrtyu)*. Cela a une double signification : la première est que celui qui l'atteint ne renaît pas, sa mort est la dernière ; la deuxième est que la mort s'interrompt quand elle s'approche de Dieu, elle meurt devant lui. C'est pourquoi le verset dit : *ils deviennent im-*

mortels$_s$; ceux qui parviennent à Dieu deviennent immortels.

Patna, 15 septembre 1978

9. Se libérer de l'illusion universelle

La forme (Pradhána) est périssable, Hara est l'im-muable immortel, Dieu commande à la fois le périssable et son âme [immuable],

En méditant avec toutes ses intentions sur lui, en s'unis-sant à lui, en demeurant dans la pensée de son état abso-lu, l'illusion universelle finit par s'évanouir.[1]

(Shvetáshvatara Upaniśad)

Dans cet univers, à la fois temporel et supra-temporel ou, disons, physique et métaphysique, il y a deux sortes d'entités : périssables et immuable.

Le périssable *(kśara)* est une forme métamorphosée de l'Esprit apparue sous l'action délimitante de la divine Force opératrice *(prakrti)*. Cette dernière ayant, dans la phase de la création, le rôle principal, on l'appelle également la « Principale » *(Pradhána)* en sanscrit philosophique[2]. Tout ce que vous voyez, tout ce qui est accessible à votre in-fluence dans cet univers, est périssable. Autrement dit, c'est une création de la Force opératrice divine.

La partie de l'Esprit qui reste extérieure à la sphère d'action des composantes délimitantes [de la Force agis-

---

[1] *Kśaraṁ Pradhánam amrtákśaraṁ Harah, Kśarátmánáv iishate deva ekah ; Tasyábhidhyánád yojanát tattvabhávát, Bhúyash cánte vishva-máyá–nivrttih. (Shvetáshvatara Up. I,10)*

[2] Notamment dans la philosophie *sáṁkhya.* (ndt)

sante] demeure immuable : elle ne subit ni changement, ni métamorphose, ni altération, ni déclin. *La forme (Pradhána) est périssable, Hara est l'immortel immuable.$_s$ Cette partie immuable* – celle qui ne périt pas, ne se transforme, ne se métamorphose, pas – *est immortelle. Le périssable, lui, est mortel.*

Qu'est-ce que la mort ? La mort est un processus de métamorphose. Immuable *(aksara)* signifiant « qui ne subit aucune métamorphose », l'immuable est immortel : *Hara qui est l'immortel immuable$_s$.* C'est pourquoi on l'appelle aussi *Para, Para* signifie au-delà du champ du changement, par delà toute transformation.

Dieu commande à la fois le périssable et l'âme [immuable]$_s$. Il y a une troisième entité : la première est le périssable *(kśara Brahma),* c'est-à-dire Dieu transformé, objectivé, ce monde extérieur, créé par les tendances contraignantes de la Force agissante ; la deuxième est l'immuable *(akśara Brahma),* appelé ici Hara. Hara est ce qui ne subit aucun changement sous l'influence d'autrui.

Ce monde est le jeu divin de Hari et Hara, il est formé de Hari et de Hara[1]. Hara est celui qui ne subit pas de transformation et Hari signifie : *Celui qui dérobe les péchés d'autrui.*[2] On peut se dire : « Dieu est grand et il vole ! » Et alors ? Selon le besoin, il dérobe mais sans qu'il y ait faute. Il attend de ses adorateurs qu'ils lui abandonnent leurs péchés et soient sauvés. Mais quand il leur demande de le

---

[1] Deux aspects de Dieu ; quand on parle de Hari-hara, on distingue Hari, qui crée et entretient la Création et Hara, qui la réabsorbe en lui. Mais ici Hara est pris dans un sens générique pour les deux, en tant que l'Esprit lié à la manifestation. (ndt)

[2] *Harati pápániity arthe Harih.*

faire, ceux-ci lui répondent : « Ô Seigneur, nous pouvons te donner notre corps, notre âme, notre esprit, tout ce que nous avons, mais comment pouvons-nous te donner nos péchés ? Cela, nous ne le pouvons pas ! » Ses adorateurs aiment profondément Dieu qui les aime eux aussi. Parce que les adorateurs ne veulent pas partager leurs fautes avec lui, il les leur vole. Voilà pourquoi on l'appelle le [divin] Voleur *(Hari)*. Mais dans ces versets, il s'agit du mot *Hara* : *Hara qui est l'immuable immortel*$_s$.

L'une des entités est donc le périssable *(kśara)*, la deuxième, l'immuable *(akśara^1)* et il y a la troisième entité, l'Entité plus qu'immuable *(nir-akśara Brahma)*.

Vous savez que [l'acte de] la Création a pour racine acoustique « a », « ou » et « m », ce qui donne *Om*^{2}. Quant à Dieu *(Brahma)* objectivé... Dieu causal émane « a », « ou » et « me », et Dieu en tant qu'effet [(Dieu objectivé, manifesté)] est créé par « a », « ou » et « me », et a pour racine acoustique *ka*. C'est pourquoi la première consonne de notre alphabet est *ka*^{3} et la première voyelle est *a*, parce que a est la racine acoustique de la création. *Ka* est notre première consonne car c'est la racine acoustique de cet univers objectivé.

---

^{1} *Akśara* désigne l'Immuable *(a-kśara)* ou encore le Verbe divin, la syllabe *Om* (et également, de là, une lettre (syllabe) de l'alphabet). (ndt)

^{2} *A+u+m=Om* : « a » *(a)*, racine acoustique de la création, « ou » *(u)* celle du maintien et « m » *(m)* celle de la destruction ou réabsorption. En sanscrit, *a* suivi de *u* se note *o*. (ndt)

^{3} L'alphabet indien, et sanscrit, liste d'abord les voyelles, suivies des « consonnes ». Le *a* est inhérent à chaque « consonne » ; on a ainsi la suite alphabétique syllabique des « consonnes » : *ka, kha, ga, gha*, etc. (ndt)

Un sens de *ka* est donc d'être la racine acoustique de Dieu objectivé. Le deuxième sens de *ka* est d'être notre première consonne et le troisième est « eau » : en sanscrit, eau *(jalam)* se dit aussi *ka*[1] (ou encore *niiram, toyam, udakam, kambalam* ou *páñiiyam).*

La troisième entité est donc l'Entité plus qu'immuable. *Dieu commande à la fois le périssable et l'âme [immuable]$_s$,* ce Dieu *(Deva),* cette autre entité qui commande à la fois le périssable *(kśara)* et l'immuable *(akśara),* est le Plus qu'immuable *(nirakśara).* L'Entité plus qu'immuable désigne ici[2] l'entité salvatrice *(táraka brahma)* – point tangent qui commande à la fois le périssable et l'immuable – et non le Transcendant *(Nirguña).* Car ce dernier n'est aux commandes de rien, il ne considère rien comme son objet.

Qui, donc, devez-vous adorer, vous auto-suggérer (intérieurement ou extérieurement), méditer sur ou viser par toute autre pratique spirituelle ? Ni le périssable, ni l'immuable mais l'entité plus qu'immuable. Si vous choisissez le périssable pour objet de votre pensée ou de votre adoration, vous finirez par devenir ce périssable, vous vous muerez en matière grossière. C'est pourquoi le périssable ne doit pas être l'objet [de votre pensée ou adoration].

---

[1] Je vous ai dit qu'une terre couverte d'eau *(ka)* se dit *kaccha (cha* signifie « qui couvre »). La racine verbale *CHAD-* [couvrir, cacher] va donner, avec l'opérateur suffixal *da, cha* et, avec l'opérateur suffixal *ghaiṇ, chádu,* signifiant « ce qui couvre ». Une terre couverte d'eau se dit *kaccha* [marais, rive, littoral] (Kaccha [souvent translittéré Kutch] est aussi un lieu sur la côte occidentale de l'Inde).

[2] Tandis que dans la langue courante *nirakśara* désigne un illettré [*akśara* signifiant alors « lettre » et *nir* : « dénué de »].

Vous ne devez pas non plus choisir l'immuable[1] parce que celui-ci est toujours associé au périssable et constamment engagé dans de si nombreuses tâches concernant celui-ci [(le périssable)]. Cet immuable ne peut pas être l'Entité libératrice *(mukta puruśa)*.

Le seul objet de votre pensée, de votre méditation ou de votre association, votre seul aliment subjectif, doit donc être cette entité plus qu'immuable et c'est pourquoi le verset dit : *En méditant avec toutes ses intentions vers elle...ₛ.* Il vous faut méditer avec toutes vos intentions vers *(abhi-dhyána[2])* elle, c'est-à-dire vous retirer de tout ce qui est transitoire en ce monde et diriger vos propensions mentales, vos propensions recueillies, vers cette entité plus qu'immuable.

Voilà en quoi consiste la méditation *(abhi-dhyána)* sur l'Entité plus qu'immuable : rassembler les si nombreuses propensions [mentales] en un point et diriger leurs forces combinées vers elle. (C'est ce qu'on appelle « méditer avec toutes ses intentions vers » *(abhi* [vers]*-dhyána))*.

En méditant avec toutes ses intentions sur elle, en lui étant uni, en demeurant dans la pensée de son état absolu...ₛ

Par un processus continu, une pratique permanente, vous vous rapprochez au plus près d'elle : *...s'y unissant (yojanát)* et *demeurant dans la pensée de son état absolu (Tattva-bhávát). Tat+tva : tat* la désigne elle, cette entité plus qu'immuable ; ne penser qu'à cette entité plus qu'immuable, c'est cela *tattva-bhávát.*

---

[1] L'immuable *(akśara)* est la contrepartie témoin, l'âme du périssable. (ndt)

[2] *abhi-DHYÁ+anaí.*

...l'illusion universelle finit par s'évanouir[s]. Votre but ultime, votre résultat final, le résultat de vos si nombreuses pratiques sera que vous vous libérerez de l'Illusion universelle *(vishva máyá)*.

On distingue différents types d'illusions *(máyá)* : les *mahá-máyá, yoga-máyá, aṅu-máyá, [viśṅu-máyá]* et *vishva-máyá*. *Vishva-máyá [l'Illusion universelle]* désigne l'action de la Force illusionnante *(Máyá)* dans le monde créé et aussi hors de lui, tandis que la Force illusionnante qui agit en ce monde en tant que principe imprégnant tout, est la *viśṅu-máyá*. La servitude provient ici de l'Illusion universelle *(Vishva-máyá)*. C'est elle qui crée, de ses mains habiles, cet univers aux si nombreuses couleurs et sons.

C'est ainsi en maintenant sa pensée continuellement sur l'entité plus qu'immuable, que l'on peut s'y unifier et se libérer de l'Illusion universelle. Il n'y a pas d'autre moyen.

Patna, 17 septembre 1978

10. L'Esprit, la seule substance

> *Il n'y a que la (ekam) Conscience perpétuelle sans commencement ni fin, elle est la seule véritable substance.*
>
> *Sous l'effet de l'apparence créée par nos sens, nous voyons une différence entre les deux[1],*
>
> *Lorsque cette apparence s'immerge en cette Conscience, on se révèle comme non différencié d'Elle.[2]*
>
> *(Shiva Saṁhitá)*

Il n'y a qu'un seul courant cognitif/de Conscience dans tout l'univers et il n'est pas seulement unique d'un point de vue numérique, mais également parce qu'il n'a ni commencement ni fin.

« La » *(ekam)* ; que voulons-nous dire par « la » *(ekam)* [Conscience] ? Quand les influx sensoriels concourent, de façon convaincante, à une décision non multiple, à un objet s'avérant unique, nous utilisons l'article[3] *ekam*.

---

[1] Soi, la Conscience, et les choses extérieures. (ndt)

[2] *Ekaṁ jiṇánaṁ nityam ády-anta–shúnyaṁ, nányat kiṁcid vartate vastu satyam ; Tayor bhedo 'sminn indriyopádhiná vae, Jiṇánasyáyam bhásate nányathaeva. (Shiva Saṁhitá 1,1)*

[3] En sanscrit, l'article (indéfini ou défini) est généralement sous-entendu. L'article *ekam* est également un adjectif qualificatif (« unique, le seul, éminent ») et numéral cardinal (« un ») ; utilisé en tant qu'article (la/le) (l'article est aussi pronom), il souligne l'aspect unique. (ndt)

Ainsi, pour ce qui est de la Conscience, de l'Esprit, lorsque nous recueillons nos sens en lui, nous parvenons en **un** point. C'est pourquoi l'on ne peut employer que l'article *ekam* [le/la, l'unique] pour l'Esprit

Perpétuelle, sans commencement ni fin$_s$. Perpétuel *(nityam)* qualifie une réalité indestructible, ce qui est perpétuel, c'est une réalité qui n'a jamais été remis en cause, qui ne l'est pas et qui ne le sera pas.

Cette Entité, cette Conscience – qui est aussi la divine Matrice causale – se caractérise par le fait qu'il n'y a qu'elle *(ekaṁ)* et elle est également *perpétuelle, sans commencement ni fin (nityam ády-anta–shúnya[1])* [autrement dit, éternelle].

Un récit tiré des Védas[2] raconte qu'une vaste et rayonnante Entité apparut devant les dieux, les *dánavas* et les humains rassemblés. Cette radieuse Entité n'avait ni commencement ni fin. Personne, tout d'abord, n'osa s'approcher d'elle et lui demander qui elle était. Peu à peu, rassemblant leur courage, certains des « dieux » s'avancèrent.

Premier d'entre eux, le Vent s'approcha d'elle et lui demanda :

— Qui es-tu ?

— Toi, qui es-tu ? lui retourna-t-elle la question.

— Je suis le puissant dieu du Vent, je souffle tout ce qui est sur mon passage, répondit le vent.

— Voilà un brin d'herbe, lui dit la rayonnante entité, souffle-le si tu le peux.

---

[1] *Ádi* signifie commencement et *antam* fin, *ády-anta–shúnyam* signifie n'ayant ni début ni fin [*-shúnyam* signifie « dénué de »].
[2] Confer *Kena Upanishad 3* et *Brhad Áraṅyaka Upaniśad 5, 2*. (ndt)

Le Vent ne put le mouvoir, aussi fort qu'il soufflât ! Il s'en revint honteux et penaud.

Le dieu du Feu s'avança et se présenta :

— Je suis le Feu, ma nature est de tout brûler.

L'Entité lui demanda de brûler le brin d'herbe mais le Feu aussi échoua et s'en revint tête basse.

La Pluie, pareillement, s'en alla et s'en retourna sans réussir à mouiller le brin d'herbe.

L'assemblée se dit alors qu'en s'y prenant ainsi, ils n'obtiendraient pas de réponse. Ils choisirent le meilleur, le plus intelligent d'entre eux – qui n'était pas seulement intellectuel mais qui savait également comment se comporter dans les différentes circonstances et qui était aussi doué d'un grand tact. Ils le mirent à leur tête avec la tâche de découvrir qui était cette Radieuse entité.

Cet émissaire s'approcha de l'Entité de Lumière avec beaucoup de respect et lui demanda :

— S'il vous plaît, qui êtes-vous ?

— Qui êtes-vous, vous ? lui demanda-t-elle en retour.

— C'est pour le savoir que je suis venu vous voir, je ne sais pas qui je suis, répondit-il.

— Que faites-vous alors ? l'interrogea l'Entité.

— Je ferais tout ce que vous m'ordonnerez de faire, répondit l'émissaire.

Cette réponse ravit la lumineuse Entité qui lui révéla sa véritable identité :

— Je suis la Conscience primordiale. Je suis en vous et en dehors de vous. C'est par ma Présence que vous faites, sentez et comprenez toute chose. Vous êtes une parcelle de moi-même, une gouttelette d'eau dans le vaste Océan que je suis.

L'émissaire lui réclama un message pour ses compagnons. Elle lui dit :

« Mon message est *da*, transmets-le à tous. »

Lorsque l'émissaire revint avec l'identité de l'Entité de Lumière et son message, on l'acclama et le promut roi. En vieux sanscrit, *indra* signifie le meilleur. C'est depuis ce jour qu'Indra devint le roi des dieux.

Les trois peuples interprétèrent chacun différemment le message *da*, en fonction de leurs différents caractères :

Un groupe affirma que *da* signifiait *damanam kuru* c'est-à-dire « pratique la maîtrise de soi, aie simplement la maîtrise de tes penchants et sois maître de toi *(dánta[1])*. » On qualifiait ces personnes, pour qui *da* signifiait « soyez maître de vous », de *devatá[2]* [« dieux »].

Un autre groupe prétendit que *da* voulait dire *dayam kuru* : « pratique la compassion », parce que la compassion *(dayá)* vous adoucit le cœur le faisant peu à peu rayonner de toute part. On appelait ces personnes, pour qui *da* signifiait « soyez compatissant », *mánava* : humains.

Le troisième groupe de personnes disait : « non, *da* ne signifie ni « soyez maître de vous », ni « soyez compatissant », *da* signifie *dánam kuru* [pratiquez l'offrande]. » C'étaient les *dánava* (dits aussi *daetya* ou *asura*).

Tels étaient les trois groupes.

L'Entité de Lumière est cependant « une » et son commandement, son conseil à tous les êtres vivants, qu'ils soient physiques, métaphysiques ou lumineux est aussi un.

---

[1] *DAM [dámyati]* + *ta* = *dánta*. *Dánta* est celui qui a la maîtrise de toutes ses propensions.

[2] « Dans l'ancien temps, on appelait *devatás* ceux qui étaient supérieurs à la masse. » *Nectar de l'Enseignement spirituel tome 23.* (ndt)

Le corps physique des humains est composé des cinq éléments fondamentaux : les éléments solide, liquide, feu, gaz et espace,

Le corps physique des *dánava* est fait des éléments liquide, feu, gaz et espace – soit quatre éléments et

Le corps physique des *devatá* est fait seulement de feu, de gaz et d'espace, c'est pourquoi ils sont invisibles. En sanscrit, on appelle ces *devatá*, *deva-yoni*[1], leurs corps ne sont composés que de trois éléments [parmi les cinq constituant la matière].

« Un/unique » *(ekam)*, [Dieu] reste un et son conseil aussi est un : un seul mot, une seule expression, une seule syllabe qui est *da*.

Pratique l'offrande est l'interprétation au niveau le plus matériel. Pour une offrande, il faut se procurer quelque chose de matériel, c'est pourquoi cette interprétation est la plus grossière. Le roi Bali[2] fut un roi *dánava* fameux pour ses offrandes.

Cette entité, l'Esprit, la Faculté connaissante est la seule entité de cet univers. Elle est l'unique existence. Nulle autre entité n'est véritable *(satyam)*. La Vérité *(satyam)* est là où règne « ce qui véritablement est » *(sat)*. Aucune autre entité dans cet univers n'est absolue *(satyam)*. Toutes sont des réalités mouvantes, des phénomènes changeants, un panorama qui défile rapidement. Toutes sont de nature transitoire.

Pourquoi voyons-nous alors dans ce monde cette si grande diversité, ces si nombreuses variétés, couleurs et

---

[1] Ils correspondent aux anges et à certaines catégories de « microvita ». Voir note 3 p. 65. (ndt)

[2] *Bali* signifie aussi offrande en sanscrit. (ndt)

substances ? Si l'Entité véritable est une, si l'Esprit divin est un, d'où vient la diversité de ce monde ? Pourquoi contemplons-nous un monde si kaléidoscopique ?

La diversité [du monde] provient de la variété de nos influx sensoriels, reçus ou émanés par nos sens et nos actions. Ils ne nous transmettent pas la juste couleur, la juste odeur, les justes attributs du monde extérieur. Nous dépendons d'eux.

Lorsque tous ces influx et expressions objectivées sont rétractés dans le sujet, autrement dit, dans la cognition individuelle, que se produit-il ? La cognition individuelle rencontre la Cognition suprême et ressent l'unicité qu'il y a entre elles. Toutes deux sont la même entité, le même élément : dans cet immense univers, il n'y a qu'un élément et cet élément est l'Esprit.

Patna, 18 septembre 1978

11. Quand l'être individuel atteint-il à la liberté de l'Esprit ?

Lorsqu'on connaît Dieu, créateur de l'univers, sous ses multiples formes subtiles et au-delà du subtil, qui est à l'intérieur même des structures,

Dieu qui englobe l'univers, on se retrouve libre des chaînes (des faiblesses humaines).[1]

(Shvetáshvatara Upaniśad)

Ce qu'on dit ici, c'est que le Créateur de l'univers joue, s'exprime sous tant de formes, de tant de façons. Ces formes, façons ou états sont subtils et au-delà du subtil *(súkśmátisúkśmam)*. En sanskrit philosophique, *súkśma* [subtil] qualifie ce que l'on ne peut percevoir par les seuls sens, sans autre moyen. *Ati-súkśma* [au-delà du/très subtil] désigne ce qui est au-delà même de ce qu'on peut se représenter. *Kalilasya madhye* veut dire qu'il est à l'intérieur même des structures, dans les si nombreuses structures.

Créateur de l'univers, sous ses multiples formes (Vishvasya Sraśťáram aneka-rúpam) signifie que le Créateur de cet univers s'exprime dans tellement de formes, tellement de couleurs, tellement d'états *(bháva)*.

---

[1] *Súkśmátisúkśmam kalilasya madhye vishvasya sraśťáram aneka-rúpam, Vishvasyaekaṁ pariveśťitáraṁ jiṇátvá Devaṁ mucyate sarva-páshaeh. (Shvetáshvatara Up. 4-14/4-16 – voir aussi 5-13)*

Le Créateur de l'univers sous ses multiples formes subtiles et au-delà du subtil, qui est à l'intérieur même des structures.₅

Autrement dit, dans les structures, les si nombreuses structures subtiles et plus que subtiles, le Créateur de cet univers s'exprime en de si nombreuses formes, couleurs et états *(bháva)*. Et ces formes, couleurs et états ne sont parfois pas accessibles à nos sens et, en certains endroits, sont au-delà de la capacité de représentation de l'esprit humain.

On voit le corps humain par nos yeux. Mais lorsqu'une structure ne comporte que certains éléments, qu'elle n'est formée que de quatre éléments, d'eau, de feu, d'air et d'espace[1], les sens ont de la difficulté à la voir, à la percevoir. Quant aux entités lumineuses[2] que l'on appelle *deva-yoni* en sanskrit (les *yakśa, rakśa, gandharva, vidhyá-dhara, kinnara, prakrti-liina* et *videhii-liina*[3]), on ne peut pas les percevoir, même mentalement. Parfois, lorsqu'elles [descendent] jusqu'au niveau des sens, on peut les voir un court instant. On peut, un court moment, voir une entité lumineuse ; ce sont des *deva-yoni*. C'est pourquoi, il est dit que le Créateur joue en s'exprimant par les si nombreuses formes, couleurs et manifestations acoustiques qui peuvent être ou ne pas être audibles, être ou ne pas être visibles/saisissables par les sens.

---

[1] Autrement dit, qu'il lui manque l'élément solide ou terre. (ndt)

[2] Qui ne comportent, elles, que trois éléments (feu (lumineux), air (gazeux) et éther/espace). (ndt)

[3] Détaillés dans le recueil *Les microvita* ou dans certains discours d'*Aspects avancés de la psychologie du yoga*. Ils correspondent, dans une certaine mesure, aux créatures angéliques. (ndt)

Lorsqu'on connaît Dieu qui englobe l'univers, on devient libre des servitudes psychiques humaines.[s]

Dieu ne se manifeste pas seulement en des formes subtiles et supra-subtiles ainsi que par des formes plus grossières/[matérielles] mais également par des manifestations au-delà de cet univers. Il est à la fois dans et hors du champ de cet univers.

Jiṇátvá devaṁ... c'est-à-dire « Quand on connaît, rencontre, Dieu... *mucyate sarva-páshaeh* ...on devient libre, délivré de toutes les servitudes psychiques humaines[1]. »

Lorsqu'on est libre de toutes ces servitudes, on n'est plus un individu (jiiva), on devient l'Esprit (Shiva).[2][a, s]

(Tantra)

Patna, 19 septembre 1978

---

[1] *Pásha* signifie littéralement « lien » et désigne ici l'ensemble formé des « six ennemis » *(śaḋ-ripu)*, les servitudes intérieures (désir, colère, avidité, engouement, orgueil et envie) et des « huit servitudes » *(aśťa-pásha)*, leurs manifestations sociales (haine, doute, peur, honte, rejet, (orgueil ou attachement à) (son) lignage, (sa) conduite morale et (son) prestige). Les premiers sont à réguler, les seconds à combattre. (ndt)

[2] *Pásha-baddho bhavej jiivah, Pásha-mukto bhavec chivah.*

12. La Divine Béatitude est la Suprême Vérité

En vérité, ces êtres naissent de la Divine Béatitude,
Une fois nés, ils vivent grâce à la Divine Béatitude,
Puis ils partent rejoindre la Divine Béatitude.[1]

(Taettiriiya Upaniśad)

Tout ce qui a une cause ou un créateur, à l'échelle microcosmique comme macrocosmique, vient de ce Lac de Béatitude et *une fois créés, ils vivent grâce à la Divine Béatitude,* c'est-à-dire que c'est la présence de cette Infinie Béatifique Sérénité qui pousse chaque créature à vouloir demeurer dans ce monde. C'est la seule raison du désir de vivre encore et encore. Puis *ils s'en vont rejoindre la Divine Béatitude,* c'est-à-dire, qu'en fin de compte, chaque entité retourne à cette Sereine Béatitude, cet état bienheureux. La Paix de la Divine Béatitude est la seule vérité de cet univers.

Qu'est-ce que [la Vérité :] *Satya* ? On appelle Vérité *(satya)* l'établissement ultime, l'état final de non métamorphose de l'Être absolu *(Sat)*, autrement dit de l'Entité qui est au-delà de toute métamorphose. On doit donc progresser vers la Vérité qui doit être la seule chose à laquelle on aspire. Voilà la seule voie, la voie sans crainte. Car il n'y a

---

[1] *Ánandád dhy eva klalv imáni bhútáni jáyante, Ánandena játáni jiivanti, Ánandaṁ prayanty abhisaṁvishantiiti. (Taettiriiya Upaniśad 3-6)*

pas de peur en elle, rien qui puisse effrayer. Le *Yajur Veda* dit :

La Vérité triomphe, non le mensonge,
La vérité dégage la voie conduisant à l'état divin,
C'est elle qui a permis aux sages aux désirs maintenant
comblés d'atteindre au Royaume suprême de la Vérité.[1]

(Muṅḍaka Upaniṣad)

La Vérité finit par triompher dans chaque combat, chaque conflit, chaque action ; la Vérité sort victorieuse. *C'est la Vérité qui gagne, non le mensonge₅* autrement dit, le mensonge ne sort jamais victorieux. *Satyena panthá vitato devayánah* : « La vérité élargit votre chemin vers l'état divin » c'est-à-dire que la vérité dégage la voie, permettant ainsi de progresser jusqu'à l'état divin.

L'*ápta-vákya*[2] est la parole divine et *prápta-vákya* représente les affirmations provenant d'une source temporelle : livres, etc. *Ápta-káma* désigne une personne dont les désirs *(káma)* ont été pleinement assouvis par sa venue dans la proximité [(l'intimité)] de l'Entité suprême. Ces sages aux désirs comblés ont suivi le chemin de la vérité [ou droiture] *(satyam)* pour finir par rejoindre la Demeure suprême de la Vérité. *Yatra tat satyasya paramaṁ nidhánaṁ »*, autrement dit : « ils atteignent ce lieu qui est la demeure suprême de la Vérité ».

Ainsi disent les sages :

En toi, règle même de la vérité, toi la plus haute vérité,
la triple vérité [en pensée, en parole et en action], le ré-

---

[1] *Satyam eva jayate nánrtaṁ, Satyena panthá vitato deva-yánah ;*
Yenákramanty rśayo hy áptakámá, Yatra tat satyasya paramaṁ nidhánam. (Muṅḍaka Upaniṣad 3,1,6)
[2] *Vákya* signifie « parole ». (ndt)

ceptacle de la vérité, installé dans la vérité, vérité de la vérité, guidant honnêteté et parole donnée, dont la nature est vérité, en toi nous nous sommes réfugiés.[1]

(*Bhágavata Puráňa*)

Cette Entité suprême dont la nature propre est Vérité (*Satya*), cette Paix béatifique, qu'est-ce qui la caractérise ?

Son inconcevable divine Forme resplendit, à la fois plus qu'immense et plus minuscule que le minuscule.

Dans l'éloignement, Dieu est lointain, dans la proximité, il est proche, pour ceux qui savent voir, il est ici même, résidant dans le cœur.[2]   (*Muňdaka Upaniśad*)

Cette plus qu'immense et inconcevable Forme divine...ₛ. [Dieu] est très vaste, vraiment vaste, extrêmement vaste, si vaste que vos yeux ne peuvent le saisir. Votre capacité visuelle est limitée, son étendue variant d'une certaine longueur d'onde à une autre. Dieu est bien plus vaste que l'étendue de votre perception visuelle. Non seulement il n'est pas accessible à votre perception visuelle mais sa Forme est inconcevable, autrement dit, votre vibration microcosmique ne peut la reproduire. C'est dire que Dieu n'entre ni dans le champ de votre perception sensorielle ni dans celui de votre conception mentale. Et votre pensée ou vos sens ne peuvent évaluer son Éclat divin.

---

[1] *Satya-vrataṁ satya-paruṁ trisatyaṁ, Satyasya yoniṁ nihitaṁ ca satye ; Satyasya satyam rta-satya–netraṁ, Satyátmakaṁ tváṁ sharaňaṁ prapannáh. (Bhágavata Puráňa 10,2,26)*
[2] *Brhac ca tad divyam acintya-rúpaṁ, Súkśmác ca tat súkśmataraṁ vibháti ; Dúrát sudúre tad ihántike ca, Pashyatsv ihaeva nihitaṁ guháyám. (Muňdaka Upaniśad 3,1,7)*

...et plus minuscule que le minuscule, il resplendit$_s$, autrement dit, il est non seulement immense mais aussi minuscule, extrêmement minuscule, si minuscule que les sens ne peuvent le voir, le saisir ou le toucher. Il est minuscule pourtant il resplendit – vous vous rappelez que je vous ai parlé des êtres lumineux *(deva-yoni)* – il est minuscule mais il est Lumière.

Il est lointain dans l'éloignement, il est proche dans la proximité$_s$: vous pensez parfois que peut-être [Dieu] ne vous entend pas ou ne voit pas vos expressions ; si vous pensez cela, tous vos efforts, toutes vos expressions acoustiques ou toute espèce d'effort mental seront vains. Car lorsque vous pensez qu'il est loin, il n'est pas loin mais encore plus loin. Si vous pensez qu'il n'est pas près de vous, qu'il est loin, alors il est encore plus loin. Si vous le pensez proche, il n'est pas seulement proche, il est encore plus proche. Il est beaucoup plus proche que vous ne pouvez l'imaginer.

En développant sa vision intérieure, l'on comprend que l'Être suprême est en soi. Puisqu'il est dans votre propre sentiment de je, pourquoi errer çà et là pour le connaître, le trouver, comme un roi qui a toutes les richesses avec lui mais qui sortirait mendier de porte en porte ?

Cherchez Dieu avec la plus grande ferveur, avec sincérité et amour. Cette rayonnante entité apparaîtra dans votre cœur de toute sa divine Splendeur.

Patna, le 20 septembre 1978

13. Dieu, notre seule pensée

Les *Védas* disent que Dieu doit être le seul objet de notre pensée et les *Tantras* disent de même. Le *tantra* dit :

Sur Dieu seul nous méditons, lui seul nous nous remémorons. Dieu seul, témoin universel, nous révérons. En lui seul Suprême Refuge indépendant, Vaisseau sur l'océan des existences, nous nous abritons.[1]

(Mahánirváńa Tantra)

Sur Dieu seul nous méditons (Tad[2] ekaḿ japámah) signifie qu'en pratiquant la récitation méditative *(japa)*, Dieu seul doit être l'objet de notre pratique. Qu'est-ce que la récitation méditative ? C'est une suggestion interne, extro-interne, une autosuggestion. Elle inverse le mouvement des propensions, allant de l'intérieur vers l'extérieur, pour les diriger vers Dieu seul ; et non seulement cela, elle dissout la structure ectoplasmique du psychisme jusqu'à le faire s'unifier à la Faculté spirituelle/l'Esprit.

Dieu seul nous nous remémorons (smarámah).s
Qu'est-ce que le souvenir *(smrti)* ?

---

[1] *Tad ekaḿ japámah, Tad ekaḿ smarámah, Tad ekaḿ jagat-sákśi–rúpaḿ namámah. Tad ekaḿ nidhánaḿ nirálambam iisham, Bhavám-bhodhi-potaḿ sharańaḿ vrajámah.* (Mahánirváńa Tantra III, 63)

[2] En sanscrit, *tat* (ici *tad* à cause de la liaison phonétique) est à la fois pronom personnel ou démonstratif et signifie aussi Dieu absolu. (ndt)

> *Le souvenir est le retour (en mémoire) de l'objet per-*
> *çu.*[1]
> (Patañjali, *Yoga-sútra*)

Que se passe-t-il lorsque vous percevez quelque chose d'extérieur ? La structure ectoplasmique de votre psychisme prend la forme de l'objet. Le souvenir est le processus de re-création que vous effectuez quand, par la suite, vous recréez cet objet dans votre pensée par votre force intérieure.

Supposons que vous ayez vu il y a déjà longtemps, dix ans par exemple, un buffle ou un autre animal que vous recréez maintenant dans votre pensée. Ce processus est le souvenir. *Asampramośa* [remettre (en mémoire)] signifie qu'il y a recréation de choses déjà perçues. Comment cela se produit-il ? En fonction de vos propensions favorites, vous créez, volontairement ou non, de nombreux objets intérieurs qui satisfont ce à quoi aspire cette propension particulière. Supposons que vous aimiez beaucoup les *rasagolla*[2]. Vous pouvez les recréer en pensée et la pensée de rassagollas vous vient effectivement souvent à l'esprit, volontairement ou non. Dans votre méditation spirituelle *(sádhaná)*, cette pensée vous vient automatiquement et perturbe votre méditation. Supposons maintenant que vous envisagiez d'accepter un dessous-de-table qu'on vous a proposé. À quoi pensez-vous pendant votre méditation spirituelle ? Vous ne faites que penser à cet argent illicite. L'énergie de vos propensions se canalise vers l'idée de cet argent et perturbe la mémoire spirituelle *(smrti)* que vous vous efforcez de développer.

---

[1] *Anubhúta-viśayásampramośah smrtih.* (Patañjali, *Yoga-sútra I-11*)
[2] Une pâtisserie fine indienne. (ndt)

C'est le manque de sérénité de votre esprit qui permet à ces éléments indésirables de venir perturber votre méditation.

Dieu seul nous nous remémorons_s : ce qui est dit ici c'est que si vous devez créer en pensée un objet, que ce soit seulement Dieu, pas un autre objet.

En Lui seul Suprême Refuge indépendant._s

Dès qu'il y a une existence, il y a un mouvement ; il faut donc un but, un point terminal à ce mouvement. Tout se meut dans cet univers ; vous aussi, vous vous mouvez, physiquement, mentalement et spirituellement. Ce qui est dit ici, c'est qu'il vous faut un but, une finalité, à l'ensemble de votre triple mouvement et que Dieu est ce point culminant, ce point terminal de votre mouvement ; il est le But suprême [le Suprême Refuge].

Álamba désigne une assise, un contenant physique, mais peut aussi être pris au sens mental et nous avons alors pour cela un mot sanscrit spécifique : *ábhoga*. Aucune entité physique, psychique ou spirituelle ne peut exister sans contenant physique ou assise mentale. Dieu, lui, ne requiert aucun contenant, aucun support, c'est pourquoi il est *nirálamba* [indépendant] – sans support. Il est le but, le desideratum, il ne requiert aucun support.

Nous trouvons refuge en toi, vaisseau sur l'océan des existences (Bhavámbhodhi-potaṁ sharaṅaṁ vrajámah).

Dieu est tel un grand navire traversant un vaste océan d'existences temporelles *(bhava[1])*. Qu'est-ce que *bhava* ? C'est ce tout petit peu de l'élan réactionnel qui engendre la renaissance. *Bhava* est comme un dangereux et vaste océan, infranchissable. Il vous faut donc pour le franchir, un navire de qualité, grand et solide.

Ô Être suprême, tu es ce navire et nous nous y abritons pour traverser cet océan d'existences.

Il n'y a pas d'autre chemin.

Patna, le 21 septembre 1978

---

[1] Ici *bhava* est synonyme de *saṁsára* (ne pas confondre avec *bháva*). (ndt)

14. L'Esprit et l'énergie

Tout comme il y a un seul et même feu sur cette terre, qui s'adapte à toute forme,

De même le seul et même Esprit, intérieur à tout être et aussi extérieur, s'adapte à toute forme.[1]

(Katha Upaniṣad)

Le « feu », [l'énergie] est fondamentalement une, bien qu'elle ait différentes manifestations. Celles qu'on appelle énergies sont interchangeables : on peut transformer l'énergie électrique en énergie magnétique, l'énergie magnétique en son et le son en lumière[2]. En sanscrit courant *(laokika),* on utilise le terme *agni* [« feu », énergie] pour énergie tandis qu'en plus ancien sanscrit, on utilise le terme *indra.*

Dans cet univers… Dieu entreprit sa création et celle-ci naquit de la racine acoustique *a.* L'énergie aussi a été créée.

Nous ne parlons pas ici [en employant le terme « énergie »] de la Puissance divine ou Principe opérateur divin *[Prakrti* ou *Shakti].* Celui-ci n'est qu'une force délimitante dont on qualifie la façon d'agir de *svabháva* [en sanscrit],

---

[1] *Agnir yathaeko bhuvane pravisto rúpaṁ rúpaṁ pratirúpo babhúva, Ekas tathá sarva-bhútántar átmá rúpaṁ rúpaṁ pratirúpo bahish ca. (V,9)*

[2] Cf. « Le son transformé en lumière », *Pour la Science* N°32 - juillet - octobre 2001. (ndt)

nature en anglais. En l'absence d'une connaissance suffisante, d'une connaissance scientifique approfondie, on pourrait dire que tout vient de la nature. La nature n'est toutefois que le mode de fonctionnement du Principe opérateur divin et non une entité indépendante. Quand ce Principe opérateur divin agit – suivant un certain mode, selon la nature – ce qui maintient chacune de ses phases en action est l'énergie (dont la racine acoustique est *ra*). On voit donc que l'énergie est une sorte de création, elle aussi est créée par l'Esprit.

Je vous disais, l'autre jour, que tout dans cet univers est porté par trois sons fondamentaux. Tout provient de la Béatitude universelle, la Paix bienheureuse. Dans cette Paix [béatifique], les [trois] forces ou tendances[1] – consciente, mutatrice et statique – sont à l'équilibre.

Lorsque l'équilibre se rompt, le mouvement jaillit d'un des sommets de ce triangle de forces. La force qui se manifeste à partir d'un des sommets [du triangle] naît sans aucun doute de la tendance consciente[2], c'est-à-dire qu'elle se manifeste à partir de la phase de sereine Béatitude. C'est ainsi que toute chose commence par le son *sa* [racine acoustique de la tendance consciente].

Puis, ayant commencé son voyage au sommet [du triangle des forces], elle doit aller de l'avant et, pour cela, requiert de l'énergie ; il lui faut l'aide de l'énergie. C'est

---

[1] Les composantes (*sáttvika*, *rájasika* et *támasika*) de la Puissance divine *(Prakrti)*. (ndt)

[2] *sáttvika*, première des trois composantes ou tendances de la Puissance créatrice – qui sont : la consciente (« conscientisante »), la mutatrice (ou activante) et la statique (ou alourdissante/densifiante) – à se manifester dans le processus de la Création. (ndt)

ainsi que tout émerge du principe conscient *sa* et est propulsé par l'énergie, autrement dit *ra*.

Ensuite, à partir du moment où il y a mouvement, apparaissent des caractéristiques, des habitudes [des régularités]. La racine acoustique des habitudes, des caractéristiques *[(dharma)]* est *va*. On obtient ainsi *sa-ra-va : sarva* [tout]. Voilà pourquoi en sanscrit « toute chose de cet univers » se dit *sarva. Le mot sarva vient de sa-ra-va ([Sa-ra-vát] sarva ucyate). Sa-ra-va* étant présent en chaque entité, « tout » se dit *sarva*[1].

Toute chose de cet univers requiert le soutien du « feu » *(agni)* autrement dit de l'énergie ou *ra*.

Tout comme il y a une seule et même énergie sur cette terre[2]*, qui s'adapte à toute forme…*ₛ

L'énergie est présente en chaque entité de cet univers. Elle maintient la cohésion structurelle en prenant la forme de son contenant selon sa trame structurelle. Cette même énergie agit dans le ventilateur, la lampe, etc. mais la voyons ou la sentons-nous ? Non, personne ne peut directement sentir ou voir l'énergie. L'on en comprend la présence par son action. Le mouvement du ventilateur nous fait savoir que de l'énergie active le ventilateur. Nous percevons la lumière de la lampe sans jamais voir l'énergie directement, car on ne peut pas voir ou sentir l'énergie mais seulement en percevoir les effets. Nous voyons le résultat

---

[1] De ce [terme] *sarva* sont nés les mots *sab* en hindi et *sabh* en maithili ; leur racine est *sarva*.

[2] *Bhuvana* [dans le vers sanscrit] signifie *bhú* [la terre] et désigne une manifestation qui naît des cinq éléments [de la matière] (*bhú* est un des noms sanskrits désignant la terre, comme *bhúmi, dharitrii, sarvaṁsahá, prthivii, medinii, mahii, vasu-matii* et *prthvii)*.

de l'action de l'énergie dans divers supports de manifestation tandis qu'elle reste invisible à nos yeux.

Pareillement, une même « Âme », [l'Esprit], intérieure à tout être mais aussi extérieure, s'adapte à toute forme.ₛ

Le principe cognitif – l'Esprit – est comme l'énergie. L'énergie vitale imprègne votre corps, elle vous permet de parler, bouger et penser puis, lorsque votre structure corporelle n'a plus la moindre manifestation d'activité, on dit : « cette personne est morte, elle nous a quitté. »

C'est de même qu'un unique principe cognitif [= connaissant] agit à travers les diverses entités de cet univers, fonctionnant comme la contrepartie sujet de leurs existences. C'est parce qu'il se manifeste en tant que sujet que nous pouvons percevoir et concevoir l'existence de ce principe cognitif. On peut concevoir l'existence de Dieu mais on ne peut percevoir ou exprimer Dieu, nous n'en voyons que les manifestations. C'est ainsi que nous voyons et sentons les manifestations du principe cognitif : on ne peut voir, percevoir ou penser l'âme ou l'Esprit.

L'Esprit est non seulement présent en chaque forme mais aussi en dehors de tout réceptacle ; ce principe cognitif suprême englobe tout. Il ne fait pas qu'imprégner tout, il englobe également tout. Voilà pourquoi on l'appelle « l'Omniprésent » *(viśńu).*

Patna, 22 septembre 1978

15. Le Je suprême

C'est l'Esprit qui se manifeste, conscience de la veille, du rêve, du sommeil profond, etc. (le quatrième état) ;
Lorsqu'on ressent : « Je suis cette Entité suprême », on est libéré de toute entrave terrestre. [1]

(Tantra)

L'esprit humain connaît quatre états :

1) La veille *(jágrat)*, qui est l'état de vigilance de votre conscience du monde extérieur. Vous êtes tous en état de veille.

2) Le rêve *(svapna)*, où la conscience du monde extérieur est inactive mais où la conscience mentale, en éveil, est le témoin de quelque chose [(le rêve)],

3) Le sommeil profond *(suśupti)*, où la conscience du monde extérieur et la conscience mentale sont toutes deux endormies [et où ce qu'on appelle la conscience « causale » (les plans inconscients) est active],

4) Le quatrième état *(turiiya),* où les trois niveaux de fonctionnement du psychisme – les consciences du monde extérieur, purement mentale et causale [(l'inconscient)] – sont inactifs et reposent en l'Être spirituel.

---

[1] *Jágrat-svapna-suśupty-ádi-caetanyaṁ yat prakáshate ;*
Tad Brahmáham iti jiṇátvá sarvabandhaeh pramucyate.
(Tantra, cf. aussi *Kaevalya Upaniśad, 17)*

Qu'est-ce que l'état de veille ? Et qu'est-ce que la conscience individuelle *(jiivátmá)* ?

La conscience individuelle est le reflet de l'Esprit *(Paramátmá)* sur l'écran mental individuel. C'est l'Esprit, la véritable âme *(átmá)* tandis que la conscience individuelle n'est qu'un reflet. C'est pourquoi l'on cite souvent :

...Tout comme au retrait du miroir, le reflet disparaît mais le visage demeure, en l'absence du psychisme, je me révèle être ce Soi[1], conscience éternelle, ma nature véritable qui n'est pas un reflet.[2]

(Hastámalaka[3] Stotra)

Supposons qu'il y ait un visage ou une fleur – une fleur rouge – et de nombreux miroirs. En se reflétant, cette fleur ou ce visage, unique, apparaît alors sous la forme de nombreuses fleurs ou visages. Le reflet dépend de la nature ou de la pureté de la structure du miroir[4]. Tous les reflets ne sont pas identiques, ils dépendent du genre de miroir. Un visage unique engendre ainsi de nombreux visages [différents]. De même, l'Esprit ou, disons, la Matrice causale est cette Entité unique qui se reflète sur les si nombreux miroirs mentaux [que forment les psychismes].

Chaque entité, chaque être vivant, possède un psychisme, que celui-ci soit non développé, développé ou extrêmement développé. Dès qu'il y a vie, un psychisme est

---

[1] *Átmá* signifie à la fois « âme », « Esprit » et « soi ». (ndt)

[2] *...darpanábháva ábhása-hánao mukham vidyate kalpaná-hiinam ekam. Tathá dhii-viyoge nirábhásako yah, sa nityopalabdhisvarúpo '[h]am átmá. (Hastámalaka Stotra v. 6)*

[3] Hastámalaka, fils spirituel et disciple contemporain du grand philosophe spirituel Shankara (VIIIᵉ siècle). (ndt)

[4] Du matériau et de la qualité du miroir. (ndt)

présent et il y a reflet [de l'Esprit]. Ainsi, partout où il y a psychisme, est aussi présente une âme individuelle. Cette âme réfléchie est la conscience individuelle tandis que nous qualifions l'âme originale qui se réfléchit [(l'Esprit)] de *Pratyag-átmá*, [le témoin ultime]. Ce soi ultime est l'Esprit. La conscience individuelle n'est pas l'Esprit mais simplement son reflet.

> *Privé des reflets, le visage demeure, tel qu'en lui-même.*ₛ

Lorsqu'on retire les miroirs, le visage original demeure, tel qu'il était, sans les reflets. Il en est de même lorsqu'on supprime tous les psychismes, il n'y a plus de consciences individuelles, ce Suprême Soi reste la seule entité *qui, en l'absence de psychisme, demeure, non réfléchie*ₛ,

> *Ce Soi dont la nature est conscience éternelle, je suis.*ₛ

C'est lui, l'objet du culte, l'objet d'adoration, l'objet de tout. Il est la Faculté connaissante suprême/l'Esprit.

Je viens de vous parler des quatre états psychiques : l'éveil, le rêve, le sommeil profond et le quatrième [état] *(turiiya)*. Comment arrive-t-on à ce quatrième état ?

Par une concentration intense – une activité psychique focalisée en un point – on met en suspens sa conscience du monde. On rassemble sa conscience du monde extérieur en un point pour la fusionner à sa conscience purement mentale. [Sous l'effet de l'intense concentration], la conscience purement mentale se focalise à son tour en un point s'unifiant alors à la conscience causale [(les plans psychiques inconscients)]. Cette conscience causale fonctionne sans l'aide du système nerveux et demeure avec l'Entité divine, l'Esprit, et, par la contemplation spirituelle *(dhyá-*

na), fait fusionner la conscience avec l'Esprit. Il n'y a plus, alors, d'activité psychique. Les trois états psychiques [de la veille, du rêve, du sommeil profond] sont en suspens dans l'Esprit. On appelle cet état « le quatrième » *(turiiya)* ou « le tout » *(kevala)* [« l'unité absolue » *(kaevalya)*].

Kevala signifie « tout », une seule entité demeure et cette entité est l'Esprit. C'est pourquoi on appelle cet état *kevalá siddhi* [(l'accomplissement de l'unité)].

*C'est l'Esprit qui se manifeste par la veille, le rêve, le sommeil profond, etc. (le quatrième état).*ₛ

La veille, le rêve, le sommeil profond sont des formes d'expression du psychisme, tandis que le quatrième [état] *(turiiya)* est le repli final de toute activité psychique. D'où viennent ces quatre formes ? Elles viennent de l'Entité macrocosmique, de l'Entité suprême, elles en sont la manifestation.

*C'est l'Esprit qui se manifeste…*ₛ : Cette Entité suprapsychique – cette Suprême Cognition – est la cause de ces trois expressions du psychisme.

*Lorsqu'on ressent : Je suis cette Entité suprême…*ₛ

Cette Conscience suprême, qui se reflète sous la forme de la veille, du rêve et du sommeil profond, est le pur « je », votre véritable je. La conscience psychique de ces modes d'expression, ce soi réfléchi, n'est pas votre véritable je. Votre véritable je est cette Entité suprême dont les soi individuels sont les reflets. Voilà votre vrai je. Mais tant que vous vous associez intimement aux douleurs et plaisirs en rapport avec ces couches psychiques, vous ne ressentez pas la joie d'être le « Je » suprême. Lorsque vous arriverez à vous dissocier des douleurs et plaisirs liés à ces petits

« moi », viendra l'étape finale de votre pratique spirituelle. C'est l'état suprême, l'union spirituelle – l'union au-delà de toute activité psychique *(nirvikalpa)*.

Lorsque l'aspirant spirituel comprend l'Entité suprême comme étant son véritable je, il se retrouve libéré de toutes les entraves terrestres.[s, a]

Patna, le 23 septembre 1978

16. Recueillement yoguique et état suprême
(Pratyáhára yoga et *paramágati)*

Le recueillement yoguique *(pratyáhára[1] yoga)* n'est pas complet en lui-même, il ne se résume pas à se retirer [en soi], tout comme la pratique de la « respiration dirigée » *(pránáyáma)* ne se résume pas à une pratique dirigée du souffle.

La respiration dirigée est, comme vous le savez, un procédé qui gère le mouvement de l'énergie vitale dans le corps. *Pránán yamayaty eśa pránáyámah* : « Le *pránáyáma* est ce qui permet à l'aspirant spirituel de gouverner le mouvement de son énergie vitale ». Il faut néanmoins toujours y associer une contemplation associée à un point *(bindu-dhyána)*. Sans cela, le *pránáyáma* affecte négativement la maîtrise de soi et génère de l'agitation mentale. C'est pour les mêmes raisons qu'il faut aussi toujours associer au recueillement yoguique, une méditation avec concentration en un point *(dhárańá)*.

La contemplation *(dhyána)* se différencie de la méditation avec concentration en un point *(dhárańá)* en ce que la contemplation est de nature immobile. C'est-à-dire que dans la contemplation, l'objet est fixe. Tandis que dans la méditation avec concentration en un point *(dhárańá)*, le

---

[1] Littéralement s'abstraire ou se retirer (en tout premier lieu du monde extérieur). (ndt)

psychisme se meut avec l'objet [la pensée est en action], autrement dit, cette méditation est sous-tendue par une force dynamique. Tandis que la contemplation *(dhyána)* éveille la conscience *[sáttvika]* mais sans mouvement.

Dans le domaine de la pratique spirituelle, le recueillement *(pratyáhára)* est d'une très grande importance parce que la première phase de la pratique requiert de se retirer mentalement de ce monde physique.

Dans cette pratique de recueillement, que faut-il faire après avoir retiré tous ses penchants, [pulsions, etc.] de ce monde objectif, des entités physiques de ce monde ? Où doit-on diriger ses propensions mentales ? Si vous les ôtez de leur objet mais ne les redirigez pas vers un autre [objet], que se passe-t-il ? Ces propensions mentales ôtées [de leurs objets « naturels »] viennent vous perturber mentalement, perturber vos plans psychiques mentaux et psychiques supérieurs, ce qui est dangereux. Cela s'est déjà avéré dangereux et si un aspirant spirituel s'efforce de suivre cette pratique[1] en se basant sur la seule lecture de livres, sans la direction d'un solide maître spirituel, cela peut se reproduire. C'est pourquoi, dès que vous retirez vos penchants des différents objets, vous devez amener ces penchants « recueillis » vers un objet qui soit en mouvement, en mouvement à l'intérieur même de votre monde psychique. Quel est cet objet en mouvement ? C'est votre « pensée, votre imagination » *(citta)*, qui est l'objectivation de votre moi. Votre imagination est en action, en mouvement. Vous devez donc diriger vos penchants retirés [du monde extérieur]

---

[1] Cette technique psychique *(pratyáhára yoga)* consistant tout d'abord à abstraire ses sens, ses désirs, du monde extérieur. (ndt)

vers votre imagination et non vers les objets extérieurs : arrêtant de se diriger vers les objets extérieurs, vos penchants se mettront en mouvement intérieurement, dans votre imagination. Voilà ce qu'il faut. Si le recueillement ne se finalise pas dans votre imagination, il s'ensuit une réaction [psychiquement] dangereuse. Je crois que vous avez compris. C'est pourquoi l'on a dit :

> *Que l'intelligent transfère sa voix à sa pensée...*
> *(Yacched váuṇ manasi prájiṇah...)*
>   *(Kaṭha Upaniṣad III, 13)*

Que doivent faire les aspirants spirituels intelligents ? Ils doivent guider leurs penchants [précédemment dirigés vers des objets extérieurs] vers leur pensée *(citta)*. Les mots *sa voix (váuṇ[1])* représentent ici le mouvement [habituellement vers l']extérieur des propensions ; ils sont suivis de *...manasi prájiṇah [que l'intelligent ... dans sa pensée].* C'est-à-dire qu'il faut diriger ces penchants recueillis, vers sa pensée : *Que l'intelligent transfère l'énergie de ses propensions à sa pensée (Prájiṇah váuṇ manasi yacchet).*

> *...qu'il établisse cela[2] dans son moi connaissant[3]*
> *(...Tad yacchej jiṇána átmani[4])*

Après avoir absorbé ces penchants recueillis [« ôtés » de leurs objets], la pensée se met elle aussi en mouvement. Elle se meut intérieurement et non vers un objet extérieur – non vers, par exemple, un éléphant extérieur mais vers un

---

[1] *Vác-* (nominatif : *vák, váuṇ* par liaison phonétique avec *manasi*). (ndt)
[2] Sa pensée, son imagination, dans laquelle il a transféré le mouvement de ses propensions. (ndt)
[3] Le sujet des actions. (ndt)
[4] Soit, sans les *sandhi* (liaison) : *Tat yacchet jiṇáne átmani.* (ndt)

éléphant mental, créé dans votre esprit. Puis, «...*Tad yacchej jiṇána átmani : qu'il dirige cette pensée associée à ses penchants recueillis, vers son ahaṁtattva*, son moi agissant [ou connaissant[1]], je « propriétaire » qui est le sentiment d'auteur de l'action, qui est le sujet de la pensée.

Ce je agissant n'est pas en mouvement mais il en a le plein potentiel. Il peut se mettre en action et s'objectiver partiellement (sous la forme de pensées).

Ainsi, il faut diriger sa pensée, ses pensées – autrement dit son je objectivé – vers son je agissant (l'*ahaṁtattva*) – qui est, non le sentiment d'exister mais le sentiment que le je qui existe peut faire quelque chose.

Qu'il abstraie son [je] connaissant dans son je existentiel... (Jiṇánam átmani mahati niyacchet...)

Ce moi, ou je, connaissant[1] *(jiṇána átmá* ou *aham)* ayant un potentiel [d'action], le principe activant[2] est très présent en lui. Ce principe activant est aussi un lien contraignant, un agent entravant. On devra donc *retirer ce je connaissant, ce je agissant, dans le « principe premier [du psychisme] » (mahat-tattva).*[3] Or qu'est-ce que le « principe premier [du psychisme] » ? C'est le sentiment « j'existe ». Dans ce pur sentiment de je, il n'y a pratiquement aucun mouvement parce qu'il a été engendré par la force consciente[4].

---

[1] Ici agissant est interchangeable avec connaissant, l'un et l'autre soulignant la nature d'acteur, d'auteur de l'action (connaître est une action) du je. (ndt)

[2] La deuxième composante de la Force opératrice, v. note 2 p 76. (ndt)

[3] *Jiṇánam átmani mahati niyacchet mahati. Mahati* signifie : « dans le *mahat-tattva* ».

[4] Voir note 2 p 76. (ndt)

Vous savez que la force consciente, bien qu'elle ne puisse pas engendrer de forme, de frontière, est, dans une certaine mesure, encore une servitude [autrement dit une limitation]. Qu'il y ait servitude crée un conflit, interne et externe. Quand vous faites quelque chose, n'y a-t-il pas lutte, mouvement ? [De même, puisque la force consciente agit], bien qu'il n'y ait pas de forme, il y a lutte, il y a mouvement.

...le [je] connaissant dans le je existentiel (jiṇánam átmani mahati). [Le principe premier du psychisme, le je existentiel] est quasiment libre de toute servitude. Une servitude persiste cependant encore [[(la force consciente, *(sáttvika))*]].

Qu'une très bonne personne fasse de dures remontrances à une personne immorale parce que celle-ci l'a injuriée, est-ce injuste ? Pas du tout, on parle là de colère vertueuse *(sáttvika).* La colère est [généralement] grossière mais elle peut parfois être pure, consciente. C'est ce qu'est ce type de colère, une colère de nature consciente : *sáttvika krodha* en sanskrit.

...Qu'il absorbe [tout] cela dans le Soi immuable
(...Tad yacchec Chánta Átmani).

Il faut également recueillir ce pur sentiment de je, ce « je suis », où tous vos penchants unis à votre pensée, celle-ci unie à votre je agissant, votre je agissant uni à votre je existentiel se meuvent ensemble avec une forte unité et fondre cela en l'Esprit – l'Esprit, libre de toute servitude. Voilà l'État suprême, le But ultime de l'existence humaine.

Patna, 24 septembre 1978

17. Ráma ou Náráyana ?

Une histoire raconte qu'il y a très longtemps, quelqu'un demanda à Hanumán[1] : *Hanumán, tu es dévoué à Dieu, tu es plein d'amour pour lui. Tu sais qu'il n'y a fondamentalement aucune différence entre Náráyana et Ráma. Alors pourquoi répètes-tu constamment le nom Ráma et jamais celui de Náráyana, s'ils sont tous deux totalement un ?*

Náráyana et Ráma sont en fait la même entité, seule leur appellation diffère.

Náráyana est un mot composé sanscrit, formé de *nára + ayana*. *Nára* a en sanscrit trois significations : eau *(niira)*, « Force créatrice suprême » *(Parama Prakrti)* et « dévotion »[2] *(bhakti)*. Quant à *ayana*, cela signifie refuge *(áshraya)*[3].

Náráyana est ainsi « le refuge de *Nára* (la Force créatrice divine) ». Qui est le refuge de la Force créatrice divine ? Dieu *(Parama Puruśa)* est son refuge. Voilà pourquoi Náráyana signifie Dieu, l'Incommensurable Conscience, l'Entité suprême.

---

[1] Hanoumâne est l'archétype du fidèle. (ndt)

[2] C'est ainsi que Nárada *(Nára + dá + da = Nárada)* est « celui-qui-distribue *(da)* la dévotion » [Nárada est un grand saint indien, apôtre de l'amour de Dieu].

[3] *Shiváyana* [un récit populaire bengali sur la vie de Shiva et Parvati] signifie ainsi « ce qui abrite Shiva » et *Ramáyana* « ce qui abrite Ráma » [Le *Rámáyana* est le récit mythologique des pérégrinations de Râma].

Voyons maintenant ce que signifie *Ráma*.

Un des sens de *Ráma* est : *Celui en qui les yoguis trouvent leur joie.*[1] Autrement dit, Ráma est le seul objet qui satisfasse l'appétit psycho-spirituel des yogis, le seul objet qu'ils reconnaissent comme source de leur félicité. La source de bonheur des yogis est l'Être suprême *(Parama Puruśa)*, l'Esprit, c'est pourquoi Ráma signifie également Náráyańa [(Dieu)].

Une autre définition de Ráma dit : *Ráti mahiidharah Rámah – Ráma est l'objet le plus brillant de tout l'univers, celui qui fait briller les autres*[2]. Il est l'entité la plus lumineuse, celle dont toutes les autres tirent leur rayonnement. La lune tire son rayonnement de la lumière de la terre, la terre de la lumière du soleil et le soleil de la lumière de Dieu. Dieu est l'entité suprême d'où toutes les autres entités tirent leur rayonnement. Qui est cette suprême entité rayonnante ?

Devant lui le soleil paraît terne, la lune, les étoiles et même les éclairs sont sans éclat, que dire du feu ! Tout ce qui brille resplendit en fait de lui : ce monde rayonne sa lumière.[3]

Dieu est l'Entité rayonnante suprême. *La lumière dont rayonne ce monde (Ráti mahiidharam)* ne désigne que Dieu, nulle autre entité.

---

[1] *Ramante yogino yasmin.* [Une citation semble-t-il du *Padma-Puráńa* reprise par Shankara. (ndt)]

[2] *Rá*, la première syllabe de *ráti*, plus *ma*, la première syllabe de *mahiidharah*, donne Ráma.

[3] *Na tatra súryo bháti na candra-tárakam nemá vidyuto bhánti kuto 'yam agnih ; Tam eva bhántam anubháti sarvaḿ tasya bhásá sarvam idaḿ vibháti.* (Kaťha Up. V, 15, Muńḍaka Up. 2,2,1, Shvetashvátara Up. 6,14)

Le troisième sens de Ráma est donné par l'expression *Râma est la mort de Râvana (Rávaṅasya maraṅaḿ Rámah)*, autrement dit : « Râma est celui sous l'influence duquel meurt Râvana »[1].

Qu'est-ce que Râvana ? Râvana désigne les démons intérieurs, les penchants dépravés qui s'expriment dans les dix directions[2]. Râvana est la force vile toute entière, la force dépravante qui se déploie partout. Rávaṅa[3] est ce qui conduit notre esprit vers l'enfer.

Revenons à « la mort de Râvana ». Quand se produit-elle ? Quand ce démon aux dix visages meurt-il ? Il meurt quand on prend refuge en Râma [Dieu]. C'est ainsi que : *Râma est la mort de Râvana.ₛ* Celui qui prend refuge en Râma, en Dieu, peut anéantir Râvana, peut se débarrasser de ce démon. La « mort de Râvana » désigne Dieu lui-même.

Il n'y a donc pas la moindre différence entre Ráma et Náráyaṅa. *Pourquoi alors, Hanumán, récites-tu toujours le nom de Ráma et jamais celui de Náráyaṅa ?* La réponse d'Hanumán fut celle-ci :

Náráyaṅa (Shriinátha) et Ráma (Jánakiinátha) sont un, sont l'Être suprême, mais pour moi n'existe

---

[1] *Rá*, la première lettre de *Rávaṅasya* [« de Râvana »] et *ma*, la première lettre de *maraṅam* [la mort] (*Rá* + *ma*) donne, de même, *Ráma*.

[2] Les points cardinaux et collatéraux plus le haut et le bas, autrement dit toutes les directions. (ndt)

[3] De *rao* [l'enfer] + *ana*. [Râvana est, dans le conte du *Râmayana*, le très puissant être à dix têtes se laissant aller à une conduite vile et bestiale et qui fut vaincu par Râma dont il avait enlevé la femme, Sîtâ. (ndt)]

que Ráma aux yeux pareils aux lotus.[1]

(Narottamdás Thákur)

Cela veut dire que lorsque vous vous dirigez vers cette entité [suprême] avec la plus grande sincérité, vous devez rassembler, recueillir toutes vos tendances mentales en un point. Plus précisément, vous devez les élever en un point et guider ce sentiment de je rassemblé en un point vers cette Entité qui n'a qu'une forme, qu'un nom, qu'une couleur, l'entité une. Voilà pourquoi Hanumán dit : *Shrii-náthe Jánakii-náthe... [Entre Shrii-nátha (Náráyaña) et Jánakii-nátha (Ráma)...]*

Au sens populaire, *Shrii* c'est Lakśmii, la déesse de la fortune et de la prospérité. Mais le mot *shrii* désigne au sens littéral[2] l'entité débordante d'énergie, de tendance activante. *Sha* est la racine acoustique de la force activante, *ra* celle de l'énergie et *ii* marque le féminin. *Shrii [sha + ra + ii]* est un terme féminin désignant l'entité pleine d'énergie et de dynamisme[3] [autrement dit, la Force créatrice divine]. *Shrii-nátha*[4] [le maître de Shrii], c'est le Seigneur/*Náráyaña*.

---

[1] *Shrii-náthe Jánakii-náthe cábhede paramátmani ; Tathápi mama sarva-svo Rámah kamala-locanah. (Prema-bhakti-candriká 2, 17)*

[2] En sanskrit, chaque mot a deux sortes de significations. L'une est le sens littéral [ou étymologique], l'autre le sens dérivé. Prenons le mot *paiñcánana*. Il signifie [littéralement] « à cinq visages » – c'est le sens littéral du mot – mais le sens usuel de *paiñcánana* est *Shiva*. Tel est le sens dérivé usuel. Vous comprenez ? Prenons le mot *anila*. *Nila* signifie « fixe » et *a-nila* « qui n'est pas fixe », autrement dit « mobile ». Ceci est le sens littéral. Le sens dérivé est « air ». L'air n'est jamais fixe, voilà pourquoi on appelle l'air *anila*. C'est le sens dérivé et non littéral. Le sens littéral est « qui n'est pas fixe ».

[3] Tout le monde souhaite être actif et énergique, c'est pourquoi dans l'Est [de l'Inde], une vieille coutume fait précéder le nom du titre *Shrii*.

[4] *Nátha* signifie époux, seigneur ou maître. (ndt)

Quant à *Jánakii-nátha* : Jânakii est, ici, Siitâ. *Siita* est l'adjectif dérivé de [la racine verbale] *sii* qui signifie « travailler, fertiliser le sol par le labour » ; *siita* signifie : « qui est bien labouré », autrement dit, travaillé, cultivé pour un rendement maximum. »[1] D'où vient cette œuvre de fertilisation ? Qui en est le maître, la source d'inspiration qui encourage cette culture ? Dieu, l'Être Suprême.

Shrii-nátha [« Maître de Shrii » = Náráyańa] et *Jánakii-nátha* [« Maître de Jánakii (Sîtâ) » = Ráma] signifient ainsi tous les deux « Dieu ».

Je sais, dit Hanumán, qu'*…entre Shrii-nátha (Náráyańa) et Jánakii-nátha (Ráma), il n'y a pas la moindre différence,* que la spiritualité, la science spirituelle affirme qu'il n'y a aucune différence entre Náráyańa et Ráma, *cependant, pour moi n'existe que Ráma aux yeux de lotus.*ₛ

Ainsi, il faut diriger toutes ses propensions mentales vers une entité une, au nom unique, en utilisant son seul *iśta-mantra*[2] personnel et aucun autre *mantra*. Voilà pourquoi Hanumán dit : « J'emploie toujours le nom Râma et jamais le nom Náráyańa. Je ne sais qui est Náráyańa. »

Chaque pratiquant devrait savoir que le seul *mantra* dans cet univers est son *iśta mantra*. Il ne connaît pas d'autre *mantra*.

Patna, 25 septembre 1978

---

[1] Sîtâ *(Siitá)* est d'ailleurs invoquée comme déesse de la fertilité des sols ; le conte du *Rámáyana* raconte que le roi Janaka trouva Sîtâ fillette dans un sillon de labour rituel, qu'il en fit sa fille et, le moment venu, la donna en mariage au jeune et glorieux prince Râma. (ndt)

[2] L'« incantation » individuelle que vous a transmise personnellement l'enseignant spirituel et que vous utilisez notamment dans la « première leçon » du système de méditation de l'Ánanda Márga. (ndt)

18. Krishna, centre de l'univers

Krishna a dit :
Ô Arjuna[1], tous les êtres humains sans exception sui-
vent mon chemin,
Je leur octroie en fonction de ce qu'ils me demandent.[2]

(Bhagavad Giitá)

Qui est Krishna ? Qu'est-ce que *krśńa* ? Le mot *krśńa* a de très nombreux sens : un sens du [verbe] *krś* est « labourer », un autre « attirer ». *Krśńa* est celui qui attire tout le monde à lui, centre de l'univers : *krśńa* signifie centre universel. Le troisième sens de *Krśńa* est : celui qui donne le sentiment même de l'existence *(bhúvácaka)*, l'entité qui réside dans son sentiment personnel de je. Je suis parce que *krśńa* est, j'existe parce que *krśńa* existe. C'est le sens, c'est-à-dire que si *krśńa* n'existe pas, je n'existe pas non plus. Mon existence même dépend de la sienne.

Vous savez que chaque entité a une racine acoustique, c'est-à-dire que chaque entité crée un genre particulier de vibration dans cet univers. C'est ce qu'on appelle la racine acoustique. En sanscrit, cela se dit *biijá-mantra*[3].

---

[1] Appelé ici *Pártha* (« fils de Prthâ »). (ndt)
[2] *Ye yathá máḿ prapadyante táḿs tathaeva bhajámy aham,*
   Mama vartmánuvartante manuśyáh Pártha sarvashah. (Giitá 4-11)
[3] *Biijá*, c'est la graine, la semence. (ndt)

La racine acoustique de *Krśńa* est *klrḿ*[1] = *ka* + *la*[2] + *ḿ*. Pourquoi *klrḿ* est-il la racine acoustique de *Krśńa* ?

Ka est la racine acoustique du monde objectif.

Dieu *(Parama Puruśa)* crée ce monde à partir de son divin corps. C'est pourquoi je dis que chaque existence est une existence divine. Chaque être humain – homme, femme, garçon ou fille – et chaque créature vivante est une manifestation *(avatára)* de l'entité divine. On ne peut donc haïr ni ignorer personne. Nous sommes tous des enfants divins.

Lorsque Dieu crée quelque chose, à cette phase, étant le créateur, il est Dieu en tant que cause *(kárańa Brahma)*. Il est la Cause et l'univers créé qu'il engendre est l'Effet *(kárya Brahma)*. Pour Dieu en tant que cause, la racine acoustique ou *biijá-mantra* est **oṇm**[3], et pour Dieu en tant qu'effet *(kárya-Brahma)* – ce monde créé – la racine acoustique est **ka**. C'est pourquoi *ka* est la première de nos consonnes. *Ka* est la première consonne dans l'ordre alphabétique sanscrit[4], car *ka* est la racine acoustique de ce monde créé, de Dieu en tant qu'effet, de cette Création.

Le mot *ka* a en sanscrit plusieurs significations. Tout d'abord, c'est la première consonne. Deuxièmement, *ka* si-

---

[1] *Lr* est la dixième voyelle de l'alphabet sanscrit. Elle se prononce généralement lri. Le *ḿ* (l'*anusvára*) est un type de nasalisation de la voyelle précédente, systématiquement ajouté dans la récitation d'une racine acoustique. (ndt)

[2] Dans l'alphabet syllabaire sanscrit, *a* est la voyelle par défaut, la voyelle inhérente. *La* y est une des consonnes « semi-voyelles ». C'est-à-dire que placée en milieu ou fin de mot, elle devient sa correspondante voyelle, autrement dit, *lr*. (ndt)

[3] Le *ṇ* représente ici le *nádabindu*, nasalisant le *o*. (ndt)

[4] Les alphabets indiens s'appuient sur l'alphabet sanscrit. (ndt)

gnifie eau *(jalam[1], niiram, toyam, udakam pániiyam, kambalam* ou *kam)*. L'autre jour je vous ai dit qu'une terre couverte d'eau, où affleure l'eau, est *kaccha* ou *kacch* (Kutch[2]) *(ka + chad + ḋa = kaccha)* ; Kutch est une région marécageuse de l'Inde. Le troisième sens de *ka* est Dieu en tant qu'effet, Dieu *(Brahma)* objectivé, [cet univers].

La racine acoustique de *Krśńa* est ainsi *klrḿ*. Sa première lettre est *ka* parce que le Seigneur commande cet univers, il attire et aime cet univers, c'est pourquoi la première lettre de sa racine acoustique est *ka*.

Et où le Seigneur se tient-il ? Réside-t-il dans le ciel, l'air, l'eau ou ce qui est lumineux ? Non, il demeure avec toutes les créatures vivantes, c'est pourquoi il vit dans l'élément solide[3]. La racine acoustique de l'élément solide est *la*. Ce qui dirige le *ka* [l'univers créé] et se tient sur ce *la* (l'élément solide/le terre) est *klrḿ* : *ka + la + ḿ. Krśńa* est le Seigneur de l'Univers.

Krishna dit : *[à eux], en fonction de ce qu'ils me demandent.ₛ* Tout ce que nous touchons, tout ce que nous voyons dans cet univers vient de Krishna. Selon nos désirs, selon nos penchants, nous obtenons tout ce que nous voulons de lui. Tout ce que nous demandons, il le fournit. « Celui qui m'adore avec un désir quel qu'il soit, je le sers en fonction. » Si vous voulez de l'argent de lui, vous en ob-

---

[1] Ces synonymes du mot eau sont tous des substantifs neutres cités ici au nominatif, d'où le *m* final (ex : *kam*). (ndt)

[2] *Kutch* est la graphie « anglaise » de *kacch*, prononciation moderne de *kaccha*. (ndt)

[3] Les cinq éléments : terre, eau, feu, air et éther/ciel ou, autrement dit, solide, liquide, lumineux, gazeux et éthérique (ou spatial). (ndt)

tiendrez peut-être mais vous ne l'obtiendrez pas lui, parce que c'est l'argent que vous vouliez et non lui. Si c'est la renommée que vous voulez, peut-être l'obtiendrez-vous, mais vous ne l'obtiendrez pas lui, parce que ce que vous vouliez n'est pas lui mais quelque chose de lui. Vous voulez qu'il détruise vos ennemis : si vous suivez la juste voie *(dharma)*, autrement dit si vos demandes sont justifiées, il détruira vos ennemis mais vous ne l'obtiendrez pas lui, car ce n'est pas lui que vous vouliez. Si vous voulez qu'il vous octroie la délivrance *(mukti)* ou le salut *(moksa)*, il se peut – si vous êtes un postulant acceptable – que vous y accédiez mais vous ne l'obtiendrez pas lui, parce que ce n'est pas ce que vous vouliez.

Un aspirant spirituel intelligent dira donc : « Je te veux [Seigneur], je ne veux rien d'autre ». Pourquoi ? « Non parce que ta présence me fait plaisir mais parce qu'elle me donne l'occasion de te servir ; parce que ta présence me donne l'occasion de te faire plaisir, pas de me faire plaisir. » Voilà ce qu'un aspirant spirituel intelligent dira : « Je ne veux rien de toi, c'est toi que je veux. »

Une histoire [du *Râmâyana*] raconte que Râma et Laksmana[1] traversaient le Gange en compagnie du réputé sage Vishvámitra. Ils allaient à Mithilá[2]. En arrivant sur la berge opposée, le batelier vit que son bateau n'était plus de bois mais d'or. « Ce jeune Râma n'est certainement pas une personne ordinaire, pensa-t-il, son toucher a transmuté ce bateau en or ! » [Voyant cela] la femme du batelier apporta tout son mobilier, tous ses objets en bois de la maison. Elle

---

[1] Laksmana était le jeune frère et le compagnon de Râma en exil. (ndt)

[2] Royaume du roi Janaka, père de Sîtâ, femme de Râma. (ndt).

les porta et les fit toucher [par Râma] et tous se transmuèrent en or. Le batelier lui dit alors : « Ma femme, tu es insensée, tu ne sais pas ce que tu fais. Tu n'as pas le sens pratique. Cette transmutation provient des pieds de [Râma]. Si tu as un peu de bon sens, emmène-le à la maison, il y transformera tout en or. » Voilà le secret.

Que dit donc un aspirant spirituel intelligent ? Il dit : « Je ne désire rien de toi, tout vient de toi, alors sois mien. » Dans quel but ? Simplement pour servir Dieu. Et pourquoi servir Dieu ? Non pour en tirer du plaisir mais pour lui faire plaisir. En sanscrit, on appelle *gopa* celui qui veut faire plaisir : *Le gopa est celui qui fait plaisir,*[1] celui dont la seule tâche est de faire plaisir à autrui et non celui qui élève des vaches[2].

Je leur octroie en fonction de ce qu'ils me demandent.[s]
« Celui qui veut quelque chose de moi, je le lui donne. C'est ma tâche. Il dépend de vous de demander selon vos besoins, selon vos penchants. »

Mais sache, Arjuna, que tout le monde sans exception doit finir par suivre le chemin, la voie que j'ai tracée[s, a] qui est la voie de retour [en l'Esprit] *(pratisaiṇcara)*. « On ne peut éviter ce chemin de retour et l'on doit graviter autour de moi, que l'on soit près ou loin de moi – que le rayon soit court ou long – l'on doit tourner autour de moi. Il n'y a pas d'autre choix. »

Dans la structure atomique, les électrons doivent tourner autour du noyau. De même, dans cet univers manifesté, tout le monde doit tourner autour du centre de l'univers.

---

[1] *Gopáyate yah sa gopah.*
[2] Sens populaire du mot *gopa*. (ndt)

Krishna est ce centre et les êtres humains sont tout simplement tels des électrons.

Patna, 26 septembre 1978

19. Fréquentez les gens vertueux

En ce qui concerne ce qu'il faut faire et ne pas faire dans la vie, on a dit :

Fuis la compagnie des mauvaises personnes et recherche celle de saintes personnes,

Agis bien jour et nuit, garde à l'esprit que le changement est constant.[1]

(Shankarâcârya[2])

Fuis la compagnie des mauvaises personnes (Tyaja durjana-saṁsargam). Vous devriez renoncer à la compagnie des mauvaises personnes *(durjana)*. Qu'est-ce qu'une mauvaise personne ? C'est une personne qui déprave, qui dévoie autrui. Une personne peut ne pas être mauvaise *(durjana)* pour tout le monde : supposons que monsieur Untel soit mauvais pour monsieur Martin, il n'est cependant peut-être pas mauvais pour monsieur Durand.

Chacun a des mérites et des démérites, voyez-vous. Supposons que monsieur Untel soit la mauvaise personne pour monsieur Martin. Monsieur Untel a une valeur méritante de vingt points mais une valeur déméritante de vingt-cinq points. La résultante est de cinq points du côté du démérite. C'est mauvais. Disons que monsieur Martin, lui, est une bonne personne : il a un mérite de quinze points et un

---

[1] *Tyaja durjana-saṁsargaṁ bhaja sádhu-samágamam,*
Kuru puṅyam ahorátraṁ smara nityam anityatám.

[2] Et aussi, *Garuḍa Puráṇa 1,108,26.* (ndt)

démérite de treize. La résultante est donc de deux points en faveur du mérite. C'est ainsi une bonne personne. Son mérite résultant n'est cependant que de deux points alors que le démérite résultant de monsieur Untel est de cinq points. Si ces deux-là se fréquentent, la résultante sera du côté du démérite et monsieur Martin deviendra mauvais.

Prenons maintenant le cas de monsieur Durand. Son mérite est de trente points et son démérite de quinze points, la résultante est donc de quinze points en faveur du mérite. Si monsieur Untel, qui a cinq points résultants de démérite, fréquente monsieur Durand, monsieur Untel deviendra bon. C'est ainsi que pour monsieur Durand, monsieur Untel n'est pas une mauvaise personne car monsieur Durand est dans la situation de pouvoir élever monsieur Untel.

Ce n'est pas quelque chose de permanent et cela varie d'une personne à l'autre. Le terme *durjana* [« mauvaise personne »] est un terme relatif.

Tyaja durjana-saṁsargam : *Vous devez éviter la compagnie de personnes qui sont mauvaises pour vous*, c'est-à-dire dont les démérites résultants sont supérieurs à vos mérites résultants. *Évitez la compagnie des mauvaises personnes*$_s$: que devriez-vous faire ? « Éviter la compagnie des mauvaises personnes » [et :]

Bhaja sādhu-samāgamam : fréquenter des *sādhus* [de « saintes personnes »].

Savons-nous ce qu'est un *sādhu* ? On définit ainsi les *sādhus* :

Tout comme on aime sa propre vie, les êtres vivants aiment la leur,

Les sádhus, par analogie avec eux-mêmes, ont pitié des êtres vivants.[1]

(Hitopadesha[2] *1-12)*

Porter une robe orange[3] ne fait pas de quelqu'un un saint homme *(sádhu)*. Le *sádhu* est le *sádhu* intérieur. Vous devriez être un *sádhu* intérieurement, que vous portiez ou non l'habit[4].

Bhaja sádhu-samágamam : « Vous devriez toujours rechercher la compagnie de gens bons *(sádhu)*. »

Vous connaissez maintenant le sens de *sádhu* : Pour chaque créature vivante, sa propre vie est ce qu'elle a de plus précieux. On aime énormément sa propre vie. C'est la règle, cela caractérise tous les êtres vivants. Les personnes qui comprennent ce sentiment des êtres vivants et aiment autrui avec la pensée : « Je ne dois pas tuer, je ne dois pas leur créer le moindre problème parce qu'ils aiment leur vie

---

[1] *Práńá yathátmano 'bhiiśtá bhútánám api te tathá,*
Átmaopamyena bhútánám dayám kurvanti sádhavah.

[2] *Hitopadesha* : recueil populaire basé essentiellement sur le *Paiṇcatantra*. (ndt)

[3] Couleur de l'habit des moines *sannyásin*, couleur du feu, qui symbolise le sacrifice. (ndt)

[4] En Inde, on appelle *sádhu* les moines qui portent l'habit blanc et *sannyásin* [(un autre ordre monacal)] ceux qui portent l'habit orange. L'habit orange pour les *sannyásin* et l'habit blanc pour les *sádhu*. L'usage veut que les *sádhu* portent le suffixe *dása* [(« serviteur de »)] attaché à leur nom : Govardhana-dása, Yamuná-dhása, Hari-dása, etc. C'est ainsi que les *sádhu* portent le suffixe *dása* tandis que les *sannyásin* portent le suffixe *ánanda* [(béatitude)] attaché à leur nom : Vivekánanda, Paramánanda. C'est la différence « technique » entre *sádhu* et *sannyásin*. Dans l'Ánanda Márga, on appelle [les moines] des *sannyásin*. Un *avádhúta* [moine ayant, dans l'ordre Ánanda Márga, prononcé les vœux perpétuels] est un *sannyásii*.

autant que, moi, j'aime ma propre vie » sont les vrais *sádhu* [(saintes personnes)] et ceux à qui ce sentiment fait défaut ne sont pas des *sádhu* mais tout le contraire *(asádhu)*. Prêcher la paix tout en sacrifiant des poulets n'est pas ce qui doit faire un *sádhu* car celui qui tue les poulets aime sa propre vie et les poulets aussi aiment leur propre vie. Le sentiment d'amour universel fait donc défaut à cette personne. Ce n'est pas un *sádhu*. Un *sádhu* doit être végétarien[1].

Bhaja sádhu-samágamam : « Profitez de la compagnie des *sádhu* ». Le sens détaillé [du terme] *sádhu* est : « celui qui élève autrui dans tous les domaines de la vie. » C'est-à-dire que celui qui aide autrui dans son développement physique, psychique et spirituel est un *sádhu*. Celui qui a plus de points que vous, plus de points résultants en faveur du mérite, est un *sádhu* pour vous. C'est exactement pareil que pour l'explication de *durjana* [(les personnes déméritantes), mais pour les personnes méritantes] : supposez que le mérite résultant en votre faveur soit de quarante cinq points et qu'une autre personne ait un mérite résultant, disons, de soixante points. Ayant soixante points de mérite résultant, cette personne est un *sádhu* pour vous ; *sádhu* est un terme relatif. Utilisez chaque moment de votre vie à profiter de la compagnie des *sádhu*.

Kuru puńyam ahorátram : « Faites de bonnes actions jour et nuit. »

Ahorátra signifie vingt-quatre heures, du lever du soleil au lever du soleil.

---

[1] En Inde, les nombreuses personnes végétariennes ou plutôt légèrement lacto-végétariennes font chaque jour la preuve que l'on peut vivre en bonne santé sans manger de chair animale. (ndt)

Le système occidental compte les vingt-quatre heures de minuit à minuit tandis que le système oriental, le système asiatique, compte un jour, de l'aube à l'aube. En Inde, un jour va du lever du soleil au lever suivant. En Europe, un jour se compte de minuit à minuit. Les dates changent après minuit en Europe tandis qu'en Inde, la date change au lever du soleil. Tel est le système.

Ahar [la journée] va du lever au coucher du soleil et *rátri* [la nuit] du coucher au lever du soleil. Vous devriez faire de bonnes actions jour et nuit : *aho-rátram* – de l'aube à l'aube – fais de bonnes actions *(kuru puńyam)* ! »

Qu'est-ce qu'une bonne action *(puńya)* ?

Aider autrui est une action méritoire, l'affliger est un péché. Voilà les deux enseignements de Vyása dans ses dix-huit Purânas.[1]

Le sage Vyása *(Vyásadeva)* écrivit tant de Purânas [récits mythologiques à visée éducative] ! Il affirme que lorsque vous agissez pour le bien d'autrui, vous faites une bonne action et lorsque vous agissez à l'encontre de l'intérêt général, vous faites une mauvaise action *(pápá)*. Agissez donc de façon méritoire jour et nuit, de l'aube à l'aube. Comment peut-on faire de bonnes actions en dormant ? Comment agir de façon méritante ? Si l'on agit bien en étant éveillé, que se produit-il pendant notre sommeil ? Un état de paix, de bien-être. On agit alors bien aussi dans son sommeil. Agissez bien jour et nuit, de l'aube à l'aube.

---

[1] *Aśtádasha-puráńeśu Vyásasya vacana-dvayam,*
Paropakárah puńyáya pápáya para-piidanam.

En sanscrit, on divise la littérature en quatre groupes : littéraire *(kávya)*, historique *(itikathá)*, historique édifiant *(itihása)* et mythologique *(puráňa)*.

– Le texte littéraire ou poétique *(kávya)* désigne *un discours plein de charme (vákyam rasátmakam)*. On qualifie ainsi un récit raconté de façon brillante.

– Vient ensuite le récit historique *(iti-kathá)*. Le récit historique est un récit fidèle de ce qui s'est passé. Autrement dit, le récit historique regroupe ce qui a à voir avec les faits.

– Quant au récit historique édifiant *(iti-hása)*, c'est la partie des événements ayant eu lieu, qui a une valeur éducative et favorise notre élévation.

Si l'*iti-kathá* [récit historique] se dit *history* en anglais et histoire en français, il n'y a en anglais pas de mot pour traduire *iti-hása* [le « récit historique édifiant »].

– Les [récits mythologiques ou] *puráňa* forment le dernier groupe. Un pourâna n'est pas véridique, ce n'est pas le récit de faits, c'est une histoire ; une histoire qui a une valeur éducative. Elle favorise notre développement physique, mental et spirituel.

Le *Râmâyana* est un récit mythologique *(puráňa)*, le *Mahâbhârata* un récit historique édifiant *(itihása)* et l'Histoire, enseignée dans les écoles et les universités, est le récit de faits *(itikathá)*. Le récit de faits historiques édifiants *(iti-hása)* n'est pas [bien qu'en Inde on lui en donne le titre] enseigné aujourd'hui dans les écoles et universités. Quant aux récits mythologiques, ce sont, comme je viens de vous le dire, des histoires, mais qui ont une valeur éducative.

Le révéré Vyása écrivit dix-huit récits mythologiques. De quoi s'agissait-il essentiellement ? Pourquoi a-t-il écrit tant de contes mythologiques ? Il s'efforçait d'enseigner à la société que bien agir, c'est aider autrui dans son complet développement et que mal agir, signifie avilir autrui, le fourvoyer, dans tout domaine de la vie.

On utilise ici le terme *puṅya* [bonne action, action méritoire] : vous devriez être occupé à faire de bonnes actions, à aider autrui, vingt-quatre heures sur vingt-quatre.

Rappelle-toi que le changement est constant.[5]

Gardez toujours à l'esprit que vous faites partie d'un monde de tableaux transitoires, au panorama changeant. Aucune situation, aucun état ne restera ce qu'il est précisément maintenant. Autrement dit, tout change, tout doit subir des changements et vous devez être prêts à vous adapter, à vous adapter à ces états modifiés.

Patna, le 27 septembre 1978

20. Qu'est-ce qui différencie le microcosme du Macrocosme ?

En quoi le microcosme est-il fondamentalement différent du Macrocosme ? On a dit :

Ce qui différencie les deux sont leurs qualités particulières. Cette détermination-là n'est pas substantielle.

Comprends que le Macrocosme se manifeste sous l'action de la Force créatrice originelle sur le Seigneur tandis que les cinq enveloppes (corporelle et psychiques) sont l'expression de l'individualité.[1]

(Viveka-cúdámani[2]*)*

La différence fondamentale vient de certains de leurs aspects caractéristiques. C'est-à-dire que la différence dépend de leurs particularités et ces particularités ne sont pas immuables mais transitoires. Autrement dit, elles peuvent exister aujourd'hui et ne plus exister demain : *Cette détermination n'est en aucun cas substantielle$_s$.*

Ces caractères distinctifs sont de nature temporaire. Ils existent aujourd'hui, ils n'existeront peut-être plus demain. Voilà l'idée.

---

[1] *Tayor virodho 'yam upádhi-kalpito, Na vástavah kashcid upádhir eśah ; Iishádyamáyá mahad-ádi-káranaḿ, Jiivasya káryaḿ shrńu painca-kośam. (243 (246))*

[2] *« Le Meilleur du discernement »*, fameux ouvrage de l'école non-dualiste. (ndt)

[Le *tantra*] aussi a dit : *Soumis aux faiblesses humaines (pásha) [l'aspirant] est un être individuel, quand ces faiblesses n'existent plus, il devient l'Esprit,*$_{s,\,a}$ *un avec l'Esprit (Shiva).*

Iishádyamáyá mahad-ádi-kárańam
[La manifestation macrocosmique est engendrée par la Force créatrice originelle sur le Seigneur.]

Par l'action contraignante du Principe opérateur [la Force créatrice primordiale] sur le Macrocosme, que se produit-il ? L'univers matériel naît, le monde physique, le monde métaphysique, toutes les manifestations macrocosmiques apparaissent.

Jiivasya káryaḿ shrńu painca-kośam.
[Les cinq enveloppes (physique et psychiques) sont, comprends-le, le résultat de l'individualité.]

L'être vivant, autrement dit, le microcosme avec ce qui le caractérise, consiste en un corps formé de cinq enveloppes qui sont : cette petite enveloppe corporelle et les enveloppes psychiques (les plans psychiques sensoriel, intellectuel, supramental... tellement de plans[1]). Ce maigre corps et sa psyché limitée aux si nombreux états, naissent donc à partir des élans réactionnels du microcosme, ils naissent du microcosme. Voilà la différence. C'est-à-dire que par leurs caractéristiques *[upádhi]*, l'un est le Macrocosme et l'autre, le microcosme.

On a dit du microcosme :
Il lui échoit selon sa pensée.[2]   (*Painca Tantra*)

---

[1] Les *kośa* sont, selon les textes, différemment catégorisés. (ndt)
[2] *Yádrshii bhávaná yasya siddhir bhavati tádrshii. (5,96)* [C'est-à-dire que notre devenir dépend de ce que l'on pense. (ndt)]

[Autrement dit] On récolte les fruits de ses désirs. Si quelqu'un est très vorace et a tout le temps envie de manger, il est tout à fait possible qu'à la mort de son corps physique, il obtienne, dans sa prochaine vie, le corps d'un porc. Supposons quelqu'un qui souhaite courir comme un daim, il n'est pas impossible qu'il finisse par obtenir le corps d'un daim à la mort de sa présente enveloppe corporelle.

Le monde du Macrocosme est un vaste monde que nous qualifions d'univers, tandis que le monde du microcosme est ce petit corps physique formé des cinq éléments. Ce corps qui est le vôtre a été créé en harmonie avec vos élans réactionnels, selon vos désirs passés. Vous vouliez courir comme un daim, vous obtenez le corps d'un daim.

Voilà où se situe la démarcation différenciant le microcosme du Macrocosme. Sachant cela, que faire ?

Ôtez ses caractéristiques à l'Être suprême et ses caractéristiques à l'être individuel et il n'y a plus ni Être universel, ni être individuel : ôtez son royaume au Roi et son arme au combattant et il n'y a plus ni roi ni combattant.[1]

(Viveka-Cúdámani 244 (ou 246))

Que l'on ôte de l'Être Suprême *(Parama Puruśa)*, autrement dit de l'Esprit *(Shiva)*, ce qui le qualifie en tant que Macrocosme et de l'âme individuelle ce qui la qualifie en tant que microcosme, et il n'y a plus de différence. L'âme individuelle *(jiiva)* devient l'Esprit et l'Esprit devient l'âme individuelle. Aucune différence.

Etáv upádhii Para-jiivayos tayoh...

---

[1] *Etáv upádhii Para-jiivayos tayoh, Samyaun-niráse na Paro na jiivah ; Rájyam Narendrasya bhatasya khetakas, Tayor apohe na bhato na rájá.*

[[Ôtez] les caractéristiques de l'Être suprême et celles de l'être individuel...] dit le verset.

Si l'on ôte cette différence d'attributs [de caractéristiques, de détermination] entre l'Être suprême *(Para, Para* désigne l'Être suprême) et l'être individuel, que se passe-t-il ? Il n'y a plus ni Être suprême ni petit être, ou soi, individuel. Ils ne font plus qu'un.

Si nous appelons roi un homme possédant un royaume, c'est parce que posséder un royaume le détermine en tant que roi. Nous qualifions un autre homme de combattant parce que nous l'associons à ses armes. Ce sont ses armes qui le qualifient en tant que combattant. Si nous retirons à l'un son royaume et à l'autre ses armes, ils ne se différencient plus. Semblablement, si l'Être suprême est dénué de toute détermination et si l'âme individuelle perd elle aussi toute détermination, ils deviennent l'Esprit *(Parama Shiva)*, tous deux deviennent l'Esprit, suprême.

Qu'est-ce que la pratique spirituelle ? La pratique spirituelle consiste à se libérer de la servitude de ces déterminations. Telle est la pratique spirituelle.

Patna le 28 septembre 1978

21. L'Esprit, témoin suprême

L'Esprit est le sujet suprême et toutes les entités sont ses objets. Pour lui, rien n'est secret, il n'y a rien qu'il ne voit ou ne connaisse. Vous ne pouvez rien faire secrètement, même pas penser secrètement. Comme vous le savez, l'effort *(sádhaná)* humain est un mouvement de l'imperfection électronique vers la perfection nucléaire. Chaque chose, tout dans cet univers est exactement comme des électrons tournant autour de Dieu, l'Esprit. Qu'il s'agisse de l'immense éléphant ou du minuscule termite, il ne fait pas de différence. Tous sont ses enfants aimants.

[Dieu est]...le même avec le termite, le même avec le moustique, le même avec l'éléphant, le même avec les trois mondes[1].[2]   *(Brhad Áranyaka Upanisad)*

Le même avec le termite (...Samah plusiña). On peut dire que cet insecte est très petit. C'est un *plusin*, autrement dit un termite, une bien petite créature. *Le même avec le moustique (samo mashakena), mashaka* signifie moustique. Dieu a le même amour également pour le moustique, le même attrait et lui accorde la même importance. Un moustique est une toute petite créature. *Le même avec l'éléphant (Samo nágena).* Il a le même amour aussi pour l'éléphant

---

[1] Physique, psychique et astral (ou causal). (ndt)
[2] *...Samah plusiñá samo mashakena, Samo nágena sama ebhis tribhir lokaeh.*   *(Brhad Áranyaka Upanisad 1,3,22)*

(nága[1]) et lui attache la même importance. *Le même avec les trois mondes_s,* la même importance, le même attachement, le même amour va à tout ce monde tripartite. Ce « monde tripartite » *(tri-bhuvana)* désigne le monde physique, le monde psychique et le monde astral ou, si l'on veut, causal.

[L'Esprit] voit tout, il ressent tout. Il n'y a rien qu'il ne voit, qu'il ne ressente. Sa situation est identique à celle de l'éclairage d'une salle de spectacle. Lorsque celui-ci est dirigé vers la scène, vous y voyez toutes ces choses se produire – un acteur jouant, un danseur virevoltant, tant de choses ont lieu et cet éclairage dissimulé voit tout, tous les événements. C'est de même que l'Esprit voit tout ce que vous faites, tout ce que vous pensez, tout ce que vous sentez, tout ce que vous goûtez[2]. Il est le témoin de tout et lorsque la scène est vide, autrement dit, lorsqu'il n'y a ni acteur, ni danseur, ni chanteur sur la scène, ce lustre caché voit également ce vide ; il est le témoin de ce que rien n'a lieu sur scène. Pareillement, lorsque vous ne faites rien – lorsque vous êtes en suspens dans votre corps causal ou astral *(sámánya deha),* là, vous ne faites rien et l'Esprit contemple encore cet état qui est le vôtre. Quand vous

---

[1] Que signifie *nága* ? En sanscrit *nága* a trois significations. L'une est python – un gros serpent, l'autre est *aerávata,* autrement dit *mammoth* [(mammouth)] en anglais, [le troisième est « source de montagne »]. Il y a aussi plusieurs autres sens à *nága,* [*nága* est notamment l'un des « souffles vitaux » *(váyu)*]. *Nága* désigne quelque chose « se rapportant aux collines/à la montagne *[(naga)]* ».

[2] L'auteur traduit et commente ici des versets sanscrits fameux du *Pañcadashî* (Vidyâranya, *X,10-11*) où l'Esprit est comparé au lustre qui éclaire la scène d'un spectacle, témoin inactif nécessaire au spectacle en ce qu'il donne une réalité au spectacle et à la scène. (ndt)

n'êtes pas en situation de faire, de penser, de sentir ou de goûter, il contemple aussi cela. Vous lui êtes intimement associé, intimement lié et il vous est intimement lié. Vous n'êtes donc jamais sans aide, jamais seul. Vous êtes toujours avec lui. C'est pourquoi ne soyez jamais pessimiste ni complexé par un sentiment d'infériorité.

Patna, le 29 septembre 1978

22. Qu'est-ce que la
« connaissance de soi » ?

*Ô Divine, le suprême et seul moyen de salut est la
connaissance du Soi,*

*L'on atteint au salut lorsque, une fois devenu un être
humain à la suite de ses propres actions, l'on parvient à
la Connaissance.*[1]

                                            (Tantra)

Vous savez que les traités tantriques comportent deux branches : celle dite de la doctrine pratique *(ágama)*, l'autre dite du questionnement philosophique *(nigama)*.

On donne deux interprétations étymologiques au terme *tantra*. L'une affirme : *Le tantra est ce qui libère de la lé-thargie spirituelle.*[2] *Tan-* c'est la léthargie, la lourdeur d'esprit et *-tra* signifie libérateur. Le tantra est ce qui libère de l'apathie, de la léthargie spirituelle.

Une autre interprétation du terme *tantra* affirme que *tan* est la racine verbale sanscrite signifiant « s'étendre » et *tra*, [comme précédemment], « ce qui libère » (*tra* dérivant de la racine verbale *trae* : *trae* + l'opérateur suffixal *da* ; le verbe *trae* signifie libérer). Le tantra est ainsi la science qui permet d'atteindre à son expansion maximale, plus exacte-

---

[1] *Átma-jiṇánam idaṁ Devi paraṁ mokśaeka-sádhanam ;*
  Sukrtaer mánavo bhútvá jiṇánii cen mokśam ápnuyát.
[2] *Taṁ-jádyát tárayet yas tu sa tantrah parikiirtitah.*

ment, qui permet de se libérer par une expansion générale : le tantra est le moyen de s'étendre[1], [de se développer].

Le tantra comprend ainsi deux branches : la doctrine pratique et le questionnement philosophique[2].

*Elle sort (**á**gata) de la bouche de Shiva, va (**ga**ta) aux oreilles de Pârvatî et est estimée (**ma**ta) par Krishna, c'est pourquoi on l'appelle ágama [doctrine pratique].[3]*

Pârvatî demande à Shiva quel est le minimum requis pour devenir un pratiquant spirituel. Shiva lui répond que c'est de posséder un corps humain. Ce minimum nécessaire est, comme vous le voyez, à la portée de tout un chacun puisque chaque être humain possède un corps humain.

Ô Divine, le suprême et seul moyen de salut est la connaissance du Soi...[s] dit Shiva.

Quand on atteint à la connaissance du Soi[4] *(átma-jiṇánam)*, autrement dit lorsque l'on sait, qu'on a cette chance de comprendre, ce que l'on est, que se produit-il ? On parvient au salut *(mokśa)*.

Pour cela, pour se connaître, le minimum nécessaire est *d'être devenu un être humain à la suite de ses actions[s].*

---

[1] Le corps d'un enfant s'étend en permanence, jour après jour, semaine après semaine, mois après mois. C'est pourquoi, jusqu'à trente-neuf ans, on appelle le corps d'une personne *tanu, tanu* signifiant en sanskrit « qui s'étend ». Après trente-neuf ans, on appelle le corps d'une personne *shariira, shariira* signifie « ce qui se décatit ».

[2] *á-GAM ⏐ al= ágama, ni-GAM+al= nigama.*

[3] *Ágatáṁ Shiva-vaktrebhyo gataṁ ca Girijá-shrutao, Mataṁ ca Vásudevasya tasmád ágama ucyate. (Rudrayámala Tantra).* [Giri-já (« celle qui est née dans la montagne ») désigne Pârvatî ; Vásudeva (« fils de Vasudeva »), c'est Krishna. (ndt)]

[4] Le terme sanscrit *átma* désigne à la fois l'âme et Dieu, l'âme universelle, l'Esprit, et signifie aussi soi, se (pronom réfléchi). (ndt)

Après avoir parcouru tant de vies animales au cours de l'Évolution *(prati-saiṇcara)*, on obtient un corps humain, on devient éligible : on atteint le minimum requis.

Une fois devenu un être humain à la suite de ses actions, on obtient le salut en atteignant à la Connaissance.$_s$

Devenu un être humain à la suite de ses actions (Sukr-taer mánavo bhútvá) : après avoir enduré [et vécu], au cours de l'Évolution, les actions et leurs réactions, l'on acquiert la forme humaine, la structure humaine. *Su-krtaeh [à la suite de ses propres actions]* signifie, en langage ancien[1], que c'est seulement après être passé par les formes de si nombreux animaux, les si nombreuses actions et réactions que l'on obtient la forme humaine. C'est donc à ce moment-là que l'on devient un aspirant spirituel et pas avant. Tant qu'on est dans le corps d'un animal, on ne peut pas effectuer de pratique spirituelle. Si, après avoir obtenu un corps humain, on n'utilise pas ce corps pour la pratique spirituelle, on est sans aucun doute un insensé parce qu'on n'utilise pas son potentiel.

On obtient le salut en atteignant à la Connaissance. Tout comme la première phrase parle de connaissance du Soi, la deuxième dit qu'*on obtient le salut en atteignant à la Connaissance$_s$*. Il s'agit de la connaissance de soi *(átma-jiṇána)*. Et qu'est-ce que la connaissance de soi, la prise de conscience de son propre être ?

C'est, voyez-vous, la tendance naturelle de chaque être vivant que de voir autrui mais de ne pas se voir. Je veux dire qu'en devenant sujet, on prend autrui et jamais soi-

---

[1] Ici *su* = *sva* (védique). (ndt)

même pour objet. En tant que sujet, on ne se met jamais à la place de l'objet, là est le problème. Vous voulez connaître tant de choses mais pas vous connaître vous-même. Vous êtes vous-même ce que vous avez de plus proche, pourtant vous ne souhaitez pas vous connaître. Voilà qui est dommage, voilà le problème. La connaissance de soi est un état « sans objet » : se voir en soi-même sans diriger la moindre faculté psychique ou cognitive vers une réalité extérieure.

En dépit de vos si nombreuses facultés psychiques et cognitives, vous vous efforcez de guider celles-ci vers d'autres objets [que votre propre intériorité]. Si, au contraire, vous retirez toutes vos facultés psychiques et cognitives [du monde extérieur] et les guidez en vous-même, dans une paix détachée du monde objectif, cet état de votre conscience, cet état de non-relativité est la connaissance de soi, la véritable connaissance. Car tout autre savoir est entaché de relatif. Cette connaissance, ne dépendant d'aucun autre objet, a un caractère absolu, c'est la connaissance de soi. Nul besoin de parcourir des tonnes de livres pour l'acquérir. Il faut faire croître un puissant et sincère désir de cette connaissance intérieure et cultiver l'amour de Dieu. Voilà en quoi consiste la pratique spirituelle. Lorsqu'au cours de ce processus, on atteint à la conscience du Soi, on atteint au salut. Telle est la réponse de Shiva, cela a donc valeur de doctrine *(āgama)*.

Patna, le 30 septembre 1978

Annexes

Enseignement de la méditation

Les enseignants spirituels de l'Ánanda Márga sont toujours prêts à enseigner, sans frais, la pratique de la méditation aux personnes sincères désireuses de la pratiquer.

L'enseignement spirituel yoguique de l'Ánanda Márga est transmis par des enseignants qualifiés. Cet enseignement, gradué, individuel, se complète d'une participation éventuelle à des stages et ateliers ainsi que d'un encouragement à s'impliquer dans la société et dans des activités associatives et humanitaires[1].

(voir adresses p. 129)

---

[1] Les membres d'Ananda Marga ont d'ailleurs créé notamment l'association internationale AMURT, affiliée à l'ONU en tant qu'organisation non gouvernementale, qui œuvre dans le monde entier par des missions de développement et de secours, l'association PCAP de protection des animaux et des plantes, et Renaissance universelle et RAWA, associations respectivement d'intellectuels et d'artistes pour un renouveau dans une perspective ouverte, positive à long terme et élevante de leurs recherches et réalisations.

L'éthique yoguique
Yama Niyama

Yama :

La bienveillance (ne pas blesser ni nuire) *(Ahiṁsá)* :

Ne pas blesser ni nuire, par ses actes, ses pensées ou ses dires.

La vérité attentionnée *(Satya)* :

Avoir des paroles, des pensées et des actions justes, en gardant à l'esprit le bien d'autrui.

L'honnêteté/ne pas voler (ou priver de son dû) *(Asteya)* :

S'abstenir de l'action comme du désir de prendre ce qui appartient à autrui ou de le priver de son dû.

Voir Dieu en tous et tout/La pratique de Dieu *(Brahma-carya)* :

Maintenir constamment sa pensée sur Dieu, le voyant en toute chose.

La simplicité de vie *(Aparigraha)* :

Refuser toute commodité qui ne soit pas essentielle.

Niyama :

La pureté mentale et la propreté *(Shaoca)* :

Cela comprend la propreté du corps et de l'environnement ainsi que la pureté de l'esprit. On peut rester pur mentalement en agissant avec bonté envers les créatures vivantes, en faisant preuve de charité, en aidant autrui et en agissant bien.

Le contentement *(Santoṣa)* :

C'est être content de ce que l'on a. Il est essentiel d'essayer d'être toujours joyeux/de bonne humeur.

Se sacrifier *(Tapah)* :

Vivre et rendre service à son prochain en prenant sur soi.

L'étude spirituelle *(Svádhyáya)* :
Étudier les textes et commentaires spirituels pour en comprendre le sens profond.

L'abandon en Dieu/la méditation
   (Iishvara-praṅidhána) :
S'immerger dans le flot spirituel et pour cela, avoir fermement foi en Celui qui régit ce monde, dans le bonheur comme dans le malheur, et se penser comme son instrument dans toutes les circonstances de la vie.

La vie humaine est courte, c'est pourquoi il est sage de se procurer toutes les instructions pour la pratique spirituelle aussi tôt que possible.

Pour une explication détaillée de l'éthique yoguique, lire *Un Guide de conduite humaine, yama niyama, les principes moraux et spirituels du yoga*, Éditions Ananda Marga, France, 2015.

Ouvrages de l'auteur

L'auteur, philosophe, philologue, historien des religions et maître de yoga, a écrit de nombreux livres sur les sujets spirituels :

Notamment une série[1] sur les textes de la tradition spirituelle indienne, en particulier les Oupanishads – la tradition philosophique des Védas –, comprenant :

– *Sublime Spiritualité*, une plongée dans la philosophie du yoga ainsi que dans la tradition de la *bhakti* ;

Suivie de volumes commentant les Oupanishads majeures, commentaires dont les éditions françaises comprennent la traduction française directe du texte sanscrit de l'oupanishad cité par l'auteur :

– *La Science sacrée des Védas (I)*
(Îshâ, Prashna, Muńdaka, Páshupata Brahma,
Kaevalya et Nrsimha Tápaniiya[2] Oupanishads)

– *La Spiritualité de la Katha Oupanishad.*

– *L'Enseignement philosophique et spirituel de la*
Shwetâshwatara Oupanishad, etc.[1]

Ainsi qu'une série de courts ouvrages commentant des versets phares de la tradition spirituelle de l'Inde :

– *Nectar de l'Enseignement spirituel, tomes 1, 2, 3,* etc.[3]

---

[1] La série *Subháśita Samgraha*, qui a au moins vingt-six volumes en bengali, reprise dans la série intitulée *Ánanda Márga Ádarsha o Jiivanadhárá (La Philosophie et l'idéal de vie de l'Ánanda Márga).* (ndt)

[2] Une « version » élargie de la *Máńdúkya* Upanishad. (ndt)

[3] Trente-quatre tomes sont disponibles en langues indiennes sous le titre *Ánanda VacanÁmrtam.* (ndt)

Un ouvrage sur la vie et l'enseignement de Krishna au regard des écoles de philosophie indiennes :
– *Namámi Krśńa Sundaram (Je salue la Splendeur de Krishna)*

Une somme sur Shiva, présentation à la fois de l'aspect historique (incluant les courants religieux jusqu'à aujourd'hui), l'essentiel de l'enseignement de Shiva, son rapport aux courants philosophiques traditionnels indiens, et les hymnes traditionnels à Shiva :
– *Namah Shiváya Shántáya (Mes hommages, ô Shiva le Tranquille)*

Un précis philosophique :
– *Ánanda Sútram*, résumant en aphorismes sanscrits (et en cinq chapitres) l'essentiel de la philosophie spirituelle et sociale de l'auteur.

L'auteur a en effet également écrit, sous son nom civil Prabhat Ranjan Sarkar, des ouvrages de philosophie politique et sociale. Il est l'auteur de la théorie socio-politique de l'Utilisation progressiste – la Tup, connue en anglais sous le nom de *Prout* (prononcé praote) – proposant une utilisation maximale et progressiste des ressources (physiques, psychiques, etc.) dans une perspective équitable et néohumaniste (le Nouvel humanisme englobant les autres règnes), de l'essai *Libérer l'intelligence, pour un Nouvel Humanisme*, ainsi que de nombreux autres ouvrages ; soit, outre ceux mentionnés ci-dessus :

Morale :
Un Guide de conduite humaine – yama niyama, les principes moraux et spirituels du yoga
Manuel pratique de l'Ánanda Márga t. 2 (Ánanda Márga Caryácarya t. 2)

Hygiène et santé :
Se soigner par le yoga, l'hygiène de vie et les remèdes naturels,
Manuel pratique de l'Ánanda Márga, t. 3

Recueils :
Une Promenade spirituelle en ce monde (florilège),
La Vision de la TUP, la Théorie de l'Utilisation progressiste (recueil),
Les Microvita,
Libérer l'intelligence, un Nouvel Humanisme, avec des compléments,
Aspects avancés de la psychologie du yoga
Neohumanism in a nutshell

Philosophie :
La Philosophie de l'Ánanda Márga, une récapitulation, vol 1 (recueil)
Ánanda Sútram (précis philosophique)

L'Ánanda Márga, le Chemin jusqu'au Royaume de la Béatitude, philosophie élémentaire
Idea and Ideology
La Faculté de connaître

Traité social :
Manuel pratique de l'Ánanda Márga t. 1 et 2

Histoire de la spiritualité :
Discourses on Mahábhárata

Science et connaissance ésotérique :
Pramá, Les Microvita, etc.

Civilisation :
Sabhyatár Ádibindu – Ráŕh (Le Rarh : lieu de départ de la civilisation)

Politique et social :
Problèmes du jour
La Société humaine (2 vol.)
A Few Problems solved
To the Patriots
Prout in a nutshell (21 vol.)

Littérature enfantine :
Le Lotus d'or de la mer Bleue (illustré pleine page)
Under the fathomless depths of the Blue Sea
In the land of Haťťamálá
Táŕá Bándhá Chaŕá

Nútan Varńa Paricay
Chants et poésies :
Prabháta Saḿgiita (165 vol.)
Philologie :
Varńa Vijiṇána (La Science des langues)
Varńa Vicitrá (La Diversité des lettres) (8 volumes)
Dictionnaire :
Laghu Nirukta
Encyclopédies :
Shabda Cayaniká (26 vol.)

(du bengali, inachevée)
Une Agriculture idéale (Krśi Kátha)
Ámáder Pratibeshi - Pashu o Pakśi (Nos amis les bêtes)
Path Calte Eti Kathá (6 vol.) (Chroniques de nos régions)
Histoires :
Galpa Saiṇcayana (12 vol.)
Etc.

Vous trouverez la liste des ouvrages disponibles en français sur anandamarga.free.fr au chapitre Livres, soit à :

http://anandamarga.free.fr/livres.htm

Consultez aussi :
https://ananda-marga.monsite-orange.fr

Ouvrages et auteurs cités

Ouvrages :

Nous avons mis uniquement les pages où apparaît un nouveau verset de ces ouvrages, le commentaire pouvant se poursuivre sur plusieurs pages.

Auteurs :

Divers, anonymes ou non, auteurs des textes sacrés.
Ánandamúrti, *Shrii Shrii* voir à *Ánanda Sútram*
Hastámalaka, voir note p. 80
Narottamdás Thákur, poète médiéval bengali, voir à
   Prema-bhakti-candriká
Patañjali, voir à *Yoga Sútra*
Shankarácárya, l'un des plus grands penseurs de l'Inde,
   philosophe du monisme absolu, réformateur de
   l'hindouisme, 9ᵉ siècle ; cité p. 100, et voir à *Viveka-
   cúdámani*.
Shvetáshvatara, auteur de la *Shvetáshvatara Upaniśad*
Vyásadeva, auteur des *puráńas*

Prononciation du sanscrit

Voir p. 9 le détail de la translittération adoptée.

a, á, i, ii, u, ú, r, rr, lr, lrr, e, ae, o, ao ; am̐, ah ;

ka, kha, ga, gha, uṅa, (vélaires)

ca, cha, ja, jha, iṅa, (palatales)

ṫa, ṫha, ḋa, ḋha, ńa, (rétroflexes)

ta, tha, da, dha, na, (dentales)

pa, pha, ba, bha, ma, (labiales)

ya, ra, la, va, (semi-voyelles)

sha, śa, sa, ha, (sifflantes), *kśa.*

Les voyelles ont une forme courte et une forme longue : **a** est court, **á** long (â) ; **i** court, **ii** long, etc. **u/ú** se prononce « ou », la semi-voyelle **r** se prononce « ri », **e** se prononce « é », **ae** et **ao** sont des diphtongues se prononçant « ail » et « ao » (ou « aou »), **c** se prononce « tch », **j** se prononce « dj », le **h** qui suit une consonne se traduit par une expiration, **uṅ** et **iṅ** sont des n respectivement vélaire et palatal (nasalisant, comme il se doit, la voyelle précédente), **m̐** est un signe nasalisant associé à la voyelle précédente, il n'est pas considéré une consonne en soi. La prononciation du **g** est toujours dure (*auṅgira* : anguira), **y** et **l** se prononcent respectivement « dj » et « l » en début de mot (isolé) et « y » et « lr » autrement, **v** se prononce « ou » après une consonne ou en milieu de mot, **sh** et **ś** se prononcent « ch » (l'un palatal, l'autre rétroflexe).

Soit : *svapna* (souap(e)na), *prakrti* (prakriti), *auṅgira* (anguira), *shiva* (chiva), *viśńu* (vichnou), *yajur* (djadjour), *vishva* (vichoua), *phala* (phalra).

Les divers n et le m se prononcent, en finale ou devant consonne, comme suivis d'un e muet : *sambuddhi* prononcé sam(e)bouddhi ; ...*yasmin vishuddhe* prononcé yasmin(e) vishouddhé.

Les consonnes finales (d, t, p, etc.) se prononcent.

On fait la liaison, pour toutes les consonnes finales et le y final, avec la voyelle ou diphtongue initiale suivante : *apy etat* : « à pied tête », etc.

Il y a trois types de prononciation védique : *rg, yajur*[1] et *artharva* védiques. Par exemple, *prakrti* se prononce en rig-védique « prakreti », en *yajur*-védique « prakriti » et en atharva-védique « prakrouti ».

Dans le *Rg Veda, kś* et *jiṇa* se prononcent kch (ch rétroflexe) et dji(ṇ)a, (le *ṇ* entre parenthèses désigne ici le *candrabindu*, autrement dit, une nasalisation de la voyelle précédente, ici le *i*) (autrement dit djîa où le *î* représenterait un i nasalisé) tandis que dans le *Yajur Veda*, ils se prononcent kkh (kh rétroflexe) et gui(ṇ)a (autrement dit guîa (= *gîa*, g dur, le *î* étant un i nasalisé). Dans l'*Atharva Veda, jiṇa* se prononce di(ṇ)a (dîa).

Etc.

---

[1] On dit « djadjour ». (ndt)

Adresses

Sur Internet : http://anandamarga.free.fr
https://ananda-marga.monsite-orange.fr
www.anandamarga.fr
http://www.anandamarga.eu (en anglais)
https://www.anandamarga.org (en anglais)

(Il se peut que les sites en simple http passent par la suite en https)

Pour une rencontre ou un renseignement :
En **France**, écrivez à : Ánanda Márga Pracáraka Saṁgha,
  chez M. Botrel, 1 rue André Chénier, 91000 Évry
  Ou par mél à o.caujolle@laposte.net
  Ou anandamarga@free.fr ou neohumanismo@yahoo.es
En **Europe** : Ánanda Márga Pracáraka Saṁgha,
        Weisenauer Weg 4,
        D-55129 Mainz, Allemagne,
  tél : 00 - 49 6131-834262
  mél : sosberlin@anandamarga.eu
  ou   europe@anandamarga.org

En **Afrique** : contactez le centre d'Ananda Marga du
Burkina Faso : Ananda Marga
01BP 3665 Ouagadougou 01, Burkina Faso
Tél: + 226 25375592 / 70255808 Mél: amurtbf@gmail.com

Île Maurice : ravirambujoo@intnet.mu
        tél. 00 230 6179709

Madagascar : Tananarive :
Mél : somiirserge@gmail.com, tél : 00 261 330774652.

Haïti : Ananda Marga, Inobert Pierre 12, Rue E. Guello,
         Fond des Blancs, Haiti, WI 8312
Mél : inobert@yahoo.fr   Tél: +509 42 93 65 17
Mél : demeter@desprihaiti.org
Amurtel/Ananda Marga, Rue Garnier, Impasse Dumond
10a, Bourdon, Port au Prince, Haïti. Tél. 00 509 38132828

Canada : Ananda Marga Master Unit Canada
         323 Rang St-Louis, St-André-Avellin
         (Québec) J0V1W0 Canada,
tél (mobile) : 00 1 613 322 6663
Montréal : tél (mobile) : 00 1 514-806-4426
mél : dayashiilananda@gmail.com

États-Unis :
Ananda Marga Center, 149-02 Melbourne Avenue,
Flushing, New-york 11367 (USA)
tél : (00-1-)718-8981603
mél : sosny@anandamarga.us,
http://ampsnys.org

Etc.

www.ingramcontent.com/pod-product-compliance
Lightning Source LLC
LaVergne TN
LVHW040319200726
843493LV00014B/742